中国社会科学院大学文库

高校校规自治的边界

伏创宇 著

社会科学文献出版社
SOCIAL SCIENCES ACADEMIC PRESS (CHINA)

本书为北京市社会科学基金青年项目

"首都社会诚信体系法治化研究"（19FXC015）的阶段性成果及

中国社会科学院大学学术创新工程支持计划 "我国社会诚信体系法治化研究"成果。

"中国社会科学院大学文库"
总　序

　　恩格斯说："一个民族要想站在科学的最高峰，就一刻也不能没有理论思维。"人类社会每一次重大跃进，人类文明每一次重大发展，都离不开哲学社会科学的知识变革和思想先导。中国特色社会主义进入新时代，党中央提出"加快构建中国特色哲学社会科学学科体系、学术体系、话语体系"的重大论断与战略任务。可以说，新时代对哲学社会科学知识和优秀人才的需要比以往任何时候都更为迫切，建设中国特色社会主义一流文科大学的愿望也比以往任何时候都更为强烈。身处这样一个伟大时代，因应这样一种战略机遇，2017 年 5 月，中国社会科学院大学以中国社会科学院研究生院为基础正式创建。学校依托中国社会科学院建设发展，基础雄厚、实力斐然。中国社会科学院是党中央直接领导、国务院直属的中国哲学社会科学研究的最高学术机构和综合研究中心，新时期党中央对其定位是马克思主义的坚强阵地、党中央国务院重要的思想库和智囊团、中国哲学社会科学研究的最高殿堂。使命召唤担当，方向引领未来。建校以来，中国社会科学院大学聚焦"为党育人、为国育才"这一党之大计、国之大计，坚持党对高校的全面领导，坚持社会主义办学方向，坚持扎根中国大地办大学，依托社科院强大的学科优势和学术队伍优势，以大院制改革为抓手，实施研究所全面支持大学建设

1

发展的融合战略，优进优出、一池活水，优势互补、使命共担，形成中国社会科学院办学优势与特色。学校始终把立德树人作为立身之本，把思想政治工作摆在突出位置，坚持科教融合、强化内涵发展，在人才培养、科学研究、社会服务、文化传承创新、国际交流合作等方面不断开拓创新，为争创"双一流"大学打下坚实基础，积淀了先进的发展经验，呈现出蓬勃的发展态势，成就了今天享誉国内的"社科大"品牌。"中国社会科学院大学文库"就是学校倾力打造的学术品牌，如果将学校之前的学术研究、学术出版比作一道道清澈的溪流，"中国社会科学院大学文库"的推出可谓厚积薄发、百川归海，恰逢其时、意义深远。为其作序，我深感荣幸和骄傲。

高校处于科技第一生产力、人才第一资源、创新第一动力的结合点，是新时代繁荣发展哲学社会科学，建设中国特色哲学社会科学创新体系的重要组成部分。我校建校基础中国社会科学院研究生院是我国第一所人文社会科学研究生院，是我国最高层次的哲学社会科学人才培养基地。周扬、温济泽、胡绳、江流、浦山、方克立、李铁映等一大批曾经在研究生院任职任教的名家大师，坚持运用马克思主义开展哲学社会科学的教学与研究，产出了一大批对文化积累和学科建设具有重大意义、在国内外产生重大影响、能够代表国家水准的重大研究成果，培养了一大批政治可靠、作风过硬、理论深厚、学术精湛的哲学社会科学高端人才，为我国哲学社会科学发展进行了开拓性努力。秉承这一传统，依托中国社会科学院哲学社会科学人才资源丰富、学科门类齐全、基础研究优势明显、国际学术交流活跃的优势，我校把积极推进哲学社会科学基础理论研究和创新，努力建设既体现时代精神又具有鲜明中国特色的哲学社会科学学科体系、学术体系、话语体系作为矢志不渝的追求和义不容辞的责任。以"双一流"和"新文科"建设为抓手，启动实施重大学术创新平台支持计划、创新研究项目支持计划、教育管理科学研究支持计划、科研奖励支持计划等一系列教学科研战略支持计划，全力抓好"大平台、大团队、大项目、大成果"等"四大"建设，坚持正确的政治方向、学术导向和价值取向，把政治要求、意识形态纪律作为首要标准，贯穿选题设计、科研立项、项目研究、成果运用全过程，以高度的文化自觉和坚定的文化自信，围绕重大理论和实践问题展开深入研究，不断推进知识创新、理论创新、方法创新，不断推出有思想含量、理论分量和话语质量的学术、教材和思政研究成果。"中国社会科学院大学文库"正是对这种历史底蕴和学术精神的传承与发展，更是新时代我校"双一流"建设、科学研究、教育教学改革和思政工作创新发展的集中展示与推介，是学校打造学术精品，彰显中国气派的生动实践。

"中国社会科学院大学文库"按照成果性质分为"学术研究系列""教材系列"和"思政研究系列"三大系列，并在此分类下根据学科建设和人才培养的需求建立相应的引导主题。"学术研究系列"旨在以理论研究创新为基础，在学术命题、学术思想、学术观点、学术话语上聚焦聚力，注重高原上起高峰，推出集大成的引领性、时代性和原创性的高层次成果。"教材系列"旨在服务国家教材建设重大战略，推出适应中国特色社会主义发展要求，立足学术和教学前沿，体现社科院和社科大优势与特色，辐射本硕博各个层次，涵盖纸质和数字化等多种载体的系列课程教材。"思政研究系列"旨在聚焦重大理论问题、工作探索、实践经验等领域，推出一批思想政治教育领域具有影响力的理论和实践研究成果。文库将借助与中国社会科学出版社的战略合作，加大高层次成果的产出与传播。既突出学术研究的理论性、学术性和创新性，推出新时代哲学社会科学研究、教材编写和思政研究的最新理论成果；又注重引导围绕国家重大战略需求开展前瞻性、针对性、储备性政策研究，推出既通"天线"、又接"地气"，能有效发挥思想库、智囊团作用的智库研究成果。文库坚持"方向性、开放式、高水平"的建设理念，以马克思主义为领航，严把学术出版的政治方向关、价值取向关与学术安全关、学术质量关。入选文库的作者，既有德高望重的学部委员、著名学者，又有成果丰硕、担当中坚的学术带头人，更有崭露头角的"青椒"新秀；既以我校专职教师为主体，也包括受聘学校特聘教授、岗位教师的社科院研究人员。我们力争通过文库的分批、分类持续推出，打通全方位、全领域、全要素的高水平哲学社会科学创新成果的转化与输出渠道，集中展示、持续推广、广泛传播学校科学研究、教材建设和思政工作创新发展的最新成果与精品力作，力争高原之上起高峰，以高水平的科研成果支撑高质量人才培养，服务新时代中国特色哲学社会科学"三大体系"建设。

历史表明，社会大变革的时代，一定是哲学社会科学大发展的时代。当代中国正经历着我国历史上最为广泛而深刻的社会变革，也正在进行着人类历史上最为宏大而独特的实践创新。这种前无古人的伟大实践，必将给理论创造、学术繁荣提供强大动力和广阔空间。我们深知，科学研究是永无止境的事业，学科建设与发展、理论探索和创新、人才培养及教育绝非朝夕之事，需要在接续奋斗中担当新作为、创造新辉煌。未来已来，将至已至。我校将以"中国社会科学院大学文库"建设为契机，充分发挥中国特色社会主义教育的育人优势，实施以育人育才为中心的哲学社会科学教学与研究整体发展战略，传承中国社会科学院深厚的哲学社会科学研究底蕴和40多年的研究生高端人才培养经验，秉承"笃学慎思明辨尚行"的校训精神，积极推动社科大教育与社科院科研深度融合，坚持以马克思主义为指导，坚持把论文写在大地上，坚持不忘本来、吸收外来、面向未来，深入研究和回答新时代面临的重大理论问题、重大现实问题和重大实践问题，立志做大学问、做真学问，以清醒的理论自觉、坚定的学术自信、科学的思维方法，积极为党和人民述学立论、育人育才，致力于产出高显示度、集大成的引领性、标志性原创成果，倾心于培养又红又专、德才兼备、全面发展的哲学社会科学高精尖人才，自觉担负起历史赋予的光荣使命，为推进新时代哲学社会科学教学与研究，创新中国特色、中国风骨、中国气派的哲学社会科学学科体系、学术体系、话语体系贡献社科大的一份力量。

（张政文　中国社会科学院大学党委常务副书记、校长、中国社会科学院研究生院副院长、教授、博士生导师）

高校校规的软法之治

（代 序）

创宇博士多年来致力于行政法基础理论、教育法、核能法等方面的研究，特别是围绕教育法领域的前沿问题，在《法学家》《法学》《行政法学研究》《法律适用》等刊物上发表了一系列有创见的论文。最近他又在此基础上完成了一部探讨高校校规理论和实践运作的、在教育法领域别具一格的、具有鲜明独创性的专著《高校校规自治的边界》。在该书即将付梓之际，他将该书书稿电子版发我，让我先睹为快，并希望我为该书写几句话，对他的最新学术研究成果做一简要评价。我最近较忙，利用晚上时间粗略浏览了该书各章节的主要内容。阅后深感该书信息量很大，作者对高校校规所涉及的各种硬法及软法问题均做了较深入细致的考察和研究，提出了诸多有价值的理论观点以及解决实际问题的设想和建议。鄙人认为，这些观点、设想、建议，无论对学术界还是实务界都很有价值，值得花点时间了解、思考和探究。故在该书即将面世之时，郑重向学界同仁、实务界人士、从事高校管理的工作者以及其他关注高等教育和高等教育法的读者推荐。

高校校规属于国家治理领域中软法的重要组成部分，作为与国家法相对应的"社会法"，其是指高校依法行使办学自主权制定的调整其内部关系和高校公权力运作所涉及的外部关系，规范高校内部机构、内部成员行为以及相应高校公权力运作的规则系统。目前我国正处于国家公权力逐步向社会转移的转型时期，社会公权力日益成长。与之相适应，作为社会法的软法也在不断生长、发展，其中就包括高校章程与推进和规范高校自治行为的校规。

高校校规不属于正式的法律渊源，只能归入不依靠国家强制力实施的软法范畴。关于法的特征，笔者倾向于同意以下观点：①法是人们的行为规则；②法是具有外在约束力的人们的行为规则；③法是由一定人类共同体制定、协商、认可的人们的行为规则，法具有民主性、公开性、普遍性、规范性。法的这三项特征，使软法的定位得以确立：软法亦法。高校校规属于软法，因为高校校规规范高校成员的行为与内外部关系；从而是大学治理的行为规则；高校校规不是对其成员的内在心理而是对其成员的行为具有约束力，因而这种约束力是外在的；高校校规是高校通过其成员参与、协商方式制定或认可的，因而其内容具有相应的民主性、公开性、普遍性和规范性。

高校校规虽然不是硬法而是软法，但它对人们权益的影响却不可小视。如《北京大学教职工处分暂行规定》（2015年颁布）对处分的种类和适用、违法违纪行为及其适用、处分的权限和程序、处分的解除、复核和申诉等做出了详细规定，除设总则、附则外，共分5章40条，不仅在形式上几乎与硬法无异，在内容上也同样具有法的拘束力。高校校规适用引发的争议较为常见，成为学生、教师权益救济与司法审查的核心问题之一。"柴丽杰诉上海大学要求履行法定职责案"即是典型例子。该案中被告规定的校规针对研究生学位授予科研成果量化指标做出具体规定，包括"申请人在国内外核心期刊或全国性学术会议上正式发表2

篇与学位论文有关的学术论文，作者排序：第一作者或者除导师以外的第一排序署名，其中至少有 1 篇论文是第一作者"等情形。被告认为原告发表的论文数量未达到校规的要求，对原告的博士学位申请未组织学位评定委员会进行审核评定，也未出具任何书面决定，原告遂提起诉讼。该案涉及的校规对科研成果的要求是否合法、合理、具有拘束力，引起实践与学理上较多关注。类似的还包括"于艳茹诉北京大学撤销博士学位决定纠纷案"中，如何理解并适用《北京大学研究生基本学术规范》第 5 条"在校期间存在严重违反学术规范的行为"的规定，这关系到学术抄袭是否成立以及撤销学位是否合法的问题。"戴伟辉诉上海市教育委员会要求撤销教师申诉处理决定案"则提出了研究生导师"未尽指导把关责任，所指导的博士、硕士学位论文出现学术不端问题"要受到处分的校规规定是否适当的问题。

现代国家治理体系的建立和完善在很大程度上有赖于公民自治社会的培植。因为现代社会、国家与公民的关系以及公权力的配置大不同于传统社会。在传统社会，公权力集中于国家，国家通过各级官僚机构治理民众。而在现代社会，由于社会经济关系的复杂化，公民自治社会迅速成长，部分国家公权力向社会转移，社会在自身发展过程中也生长出许多自治性的社会公权力。所以，现代国家治理不能仅专注于国家和国家公权力，还必须特别关注和推进参与民主和协商民主，规范公民自治社会和社会公权力行为，以此全方位推进国家治理现代化。软法是现代社会广泛存在的现象，并深刻地影响着我们的生活，影响着我们的国家治理体系和治理能力，影响着我们的权利和自由，但是到目前为止，我们对软法的研究还有待进一步深入。创宇博士的著作以《高校校规自治的边界》为题，对拓展软法研究的疆域与深度具有积极的推进意义。

高校校规作为软法，并不具有国家立法的地位与效力，是非典型意义的法（非严格的法）。在高校，校规涉及方方面面：除专门规范本科生的之外，还有专门规范硕博士研究生的、规范教授和教学行政人员的校规；除专门规范考试的之外，还有专门规范教学、科研、论文指导、答辩以及行政管理工作的校规；等等。基于对高校办学自主权的承认，国家立法为高校校规的治理留下了广阔的空间，同时也对高校校规的适用与监督带来挑战。高校校规如不加以一定的硬法规范，其制定不仅可能违反国家法，还可能存在不合理、违反正当程序、背离学术自治、侵害成员权益等情形。因此，国家应以硬法规范高校校规的制定主体及权限范围、高校校规的制定原则和程序，同时还必须建立对高校校规的监督机制。《高校校规自治的边界》一书不仅细致地阐述了高校校规的性质、基础、形式、程序与司法审查等问题，还结合学位授予标准、学术抄袭治理、研究生导师义务设定等具体问题分析了高校校规自治的边界与监督问题，对软法边界与监督的研究具有重要的启示价值。

高校校规作为软法，在正当性、合法性与拘束力上不同于国家法，《高校校规自治的边界》一书提出的观点具有一定的独创性，包括：办学自主权与学术自治在我国具有特殊的语境与法律意涵，不宜简单地将国家法与高校校规的关系界定为上位法与下位法的关系；高校校规除了不得违反国家法，还受到法定原则、正当程序与学术自治的约束；等等。国家法在学位授予、学术不端治理、教师管理等领域设定了框架性秩序，同时亦为高校校规治理留下了自主空间，由此国家法的约束方式、高校校规的拘束力、高校校规的合理性保障、高校校规所蕴含的正当程序、对高校校规的司法审查，与国家法体系中法律规范适用的一般原理有所不同。该书不仅意识到这些重要议题，还对此做了比较详细且有说服力的论证，深化了软法及行政法研究的理论基础。自罗豪才先生首倡以公共治理（public governance）为背景对软法展开研究以来，软法研究方兴未艾，软法的生成、效力、边界、监督、与硬法的关系、争议解决等问题，值得学界同仁进一步关注与思考。

是为序。

北京大学法学院教授，中国行政法学研究会副会长

2022 年 9 月 25 日

目　录

导　言

　　高校校规的治理涉及国家、高校及其成员之间错综复杂的关系，亟须从法律层面上予以澄清。管窥学生与高校之间的种种诉讼和纠纷，从具有开拓性的"田永诉北京科技大学拒绝颁发毕业证、学位证案"〔以下简称"田永案"，后被确定为最高人民法院指导案例38号（以下简称"指导案例38号"）〕，到被确定为最高人民法院指导案例39号（以下简称"指导案例39号"）的"何小强诉华中科技大学拒绝授予学位案"（以下简称"何小强案"）以及近年来引起热烈讨论的"甘露不服暨南大学开除学籍决定案"（以下简称"甘露案"）①、"北京大学与于艳茹撤销博士学位决定纠纷上诉案"（以下简称"于艳茹案"）②、"柴丽杰诉上海

---

① 参见最高人民法院〔2011〕行提字第12号行政判决书。基本案情如下：甘露作为暨南大学2004级硕士研究生在修读学位课程现代汉语语法专题时，先后两次上交的课程论文存在抄袭情形，被学校课以开除学籍处分，其对此不服提起诉讼。最高人民法院在本案的再审裁判中认为暨南大学做出开除学籍决定存在法律适用错误，并确认该决定违法。

② 参见北京市第一中级人民法院〔2017〕京01行终字第277号行政判决书。基本案情如下：北京大学以于艳茹在校期间发表的学术论文存在严重抄袭为由，撤销其博士学位，于艳茹对此提起诉讼。北京市第一中级人民法院主张，北京大学在做出《关于撤销于艳茹博士学位的决定》前由调查小组进行的约谈，不足以认定其已经履行正当程序，因而维持一审法院撤销北京大学所作撤销博士学位决定的裁判。

大学要求履行法定职责案"（以下简称"柴丽杰案"）① 等经典案例，校规的性质和自治边界始终成为无法回避的关键问题。颇具争议的是，诸如学术抄袭的认定、禁止结婚、获得学位应当通过英语四级考试、重修科目不能过多、受记过处分或舞弊者不能获得学位、作弊一律予以开除等校规条款，是否具有正当性与法律效力？现有的理论资源与实践思维往往采取简单的权利观或高校自主权概念笼统回应，这扭曲了教师、高校、学生与公权力之间的法律关系，造成了校规治理范围的混沌状态。因此，高校校规的治理及其规制亟须在公法上得到反思与澄清。

　　高校校规既不属于社会契约，也非来自国家法的形式授权，而是源于学术自由与立法所承认的办学自主权，这决定了其自治边界。高校校规边界的确定具有保护高校办学自主权免受不当干预和自我规制约束的双重功能。一方面，高校依法享有办学自主权，国家法赋予高校校规治理一定的自主空间，高校校规在不违反国家法的同时，应当积极落实国家法的授权；另一方面，高校校规依法在不同事项上享有不同程度的自主空间，受到国家法约束的方式存在差异，其与国家法的关系不宜简单地用下位法与上位法的关系予以界定。合法性框架下的高校校规与国家立法的关系体现在两个方面，一是校规基于学术自治的法约束松绑，二是国家立法的框架保障功能。校规合法性审查的司法实践偏向于从国家立法层面上寻求高校校规合法性的依据，这既扭曲了校规与国家立法之间法律关系上的定位，也忽视了校规合法性审查依据的效力差异与适用前提。笔者认为，对校规的合法性审查应当构建"目的—规范—原则"

---

① 参见上海市浦东新区人民法院〔2019〕沪0115行初字第362号行政判决书。基本案情如下：被告上海大学以原告柴丽杰未能达到学校关于"在国内外核心期刊或全国性学术会议上正式发表2篇与学位论文有关的学术论文"的博士学位授予条件，对原告的博士学位申请未组织学位评定委员会进行审核评定，也未出具任何书面决定。原告不服，遂提起诉讼。一审法院主张："在原被告对学院科研标准和学校科研标准存有争议的情况下，被告仅通过学院秘书以微信告知的方式驳回原告的博士学位申请，缺乏事实和法律依据，属于未履行法定职责的行为，依法应予纠正。"

的三阶层审查结构。无论是考试作弊的治理、学术抄袭的认定、导师义务的设定还是学位授予标准的具体化，既属于高校校规自治的事项，也不能脱离国家立法的约束。

高校校规的治理边界包括外部边界与内部边界。外部边界涉及高校校规与国家立法之间的关系，两者之间构成下位法与上位法的关系还是其他关系，需要重新进行审视，内部边界涉及高校校规在学术自治的范围内应当受到何种限制。无论是外部边界还是内部边界，追问的都是高校校规的合法性与正当性问题。这需要从法学的视角出发，厘清高校校规的性质、治理基础、治理依据、治理形式、治理程序以及治理的边界。同时，本书还针对当下高校治理的热点问题，如高校学位授予标准的逻辑与约束、大学生考试作弊与学位授予挂钩、学术抄袭的认定与治理、研究生导师义务的设定等，从校规治理的角度进行了剖析。

本书包括九章，具体内容如下。

第一章追根溯源，探索高校校规的性质及其基础。在对"权力法定论"、"社会契约论"与"自治规章论"等观点进行批评的基础之上，提出校规既不来自国家授权、社会契约，也不根植于高校自治，而是从根本上源于学术自由与国家法确认的办学自主权。高校校规与国家立法的关系应体现在两个方面：一是校规基于学术自治的法约束松绑；二是国家立法的框架保障功能。

第二章探讨了高校校规自治的依据与形式。根据理论与实践的逻辑，可将高校校规的合法性依据分为三种类型：权限依据、内容依据和立法原则依据。在国家法未规定或未明确规定时，校规可以填补国家法的空白，发挥"拾遗补缺"功能。同时，高校校规不得以教育自主权、学术自治为由突破国家法的规定。高校校规依照自主程度的差异受到不同的法律约束。

第三章探讨了高校校规自治中的正当程序。在高校行政案件领域，正当程序的适用局限于尚未系统化的法律方法，在适用逻辑上一般遵循最低限度的程序性权利或考察对相对人权益的影响程度，这忽视了高校处理程序背后的多元基础。除了着眼于权利保护，正当程序在高校治理中还具有促进大学依法自主办学与维护国家监督的重要使命，因而司法审查不应拘泥于相对人的外部参与，还应当深入决定的内部过程。我国高校行政案件中正当程序的适用应当明确规范依据，确立法定程序适用优先，依循参与、民主与专业的类型化导向展开。

第四章探讨了对高校校规自治的司法审查。笔者认为，目前我国对高校校规的司法审查实践更多的是从形式上于国家立法层面上寻求高校校规合法性的依据，这既模糊了对高校校规与国家立法之间法律关系上的不同定位，也忽视了对校规合法性审查中不同审查依据的效力与适用前提。我国对校规的合法性审查应当构建"目的—规范—原则"的三阶层审查结构。

第五章探讨了高校学位授予标准的正当性逻辑。法律授权逻辑确立的初衷在于化解救济路径难题，但这一逻辑却被延伸至高校学位授予标准的实体合法性判断，导致实践中不但未能澄清为何授权的意涵，而且对法律授权与学术自治的关系予以模糊处理。从国家行政权的角度来理解法律授权，其意图在于通过法律保留与比例原则来建构高校学位授予标准的正当性，但却忽视了法律授权的内在界限，混淆了法律授权与学术自治的关系，导致司法审查的约束松绑。笔者认为，法律授权难以借助法教义学来形塑对高校学位授予标准的约束，在行政主体制度得以根本变革之前，学位立法应当赋予学术自治独立价值，并确立程序和实体原则来监督学术自治。对高校学位授予标准的司法审查同样应当遵循程序合法性与实质合法性的双重标准。

第六章探讨了考试作弊与学位授予挂钩这一做法的合法性。本章针对不少高校校规将考试作弊与学位授予直接挂钩的现象进行了分析，指出考试作弊与学位授予挂钩不能逾越学术自治的边界，应当受到合法性约束，并接受比例原则的检验。法院在个案中不应扭曲相关法律规范的意涵，应积极审查考试作弊与学位授予挂钩的合法性。

第七章探讨了国家监督与大学自治框架中的学术抄袭的认定问题。就学术抄袭而言，学理与司法实践援引私法的理论资源对之进行解读，忽视了学术抄袭认定背后的公法意涵。学术抄袭与私法维度下的抄袭在认定基础、认定标准、认定依据与认定方式等方面存在差异，更多地受到学术伦理规范的约束，对其的认定应当摆脱私法认识的窠臼与纯粹法解释主义的路径，将其置于国家监督与大学自治的二元框架下进行考察。国家立法授权高校对学术抄袭进行认定，这既蕴含了国家权力在抄袭认定上的退让，进而赋予高校学术自治的空间，又对高校积极落实抄袭认定标准、组织与程序的保障义务，避免学术自治逾越内在的界限提出了要求。笔者认为，国家立法应当设定抄袭认定标准、组织与程序的基本原则，保留必要的司法审查，从而避免高校在抄袭认定规则供给上的恣意。

第八章探讨了学术抄袭治理的责任分配与完善。学术抄袭的治理应当实现立法机关、行政机关、高等学校与司法机关的共同治理，在责任分配上发挥国家监督与大学自治的双重功能。学术抄袭的治理不仅包括惩戒，还应重视学术抄袭的预防与学术环境的营造。高等学校固然属于学术抄袭预防与惩处的主体，但这并不意味着其应承担全面与过重的责任，科研环境的改善以及科研诚信的培养离不开主管行政机关的推动。高等学校在学术抄袭的治理上应当忠实于法律的授权，避免学术自治的扭曲。司法机关应在针对学术抄袭纠纷保持谦抑的同时，加强合法性审查职能的履行。

第九章探讨了导师对研究生学术不端的预防义务。笔者提出导师对研究生学术不端的预防义务应当被置于国家、高校与教师的关系视角下进行考察，遵循全面性、弹性与程序性要求，建立"综合考核为主，个案追责为辅"的监督体系，个案追责采用主客观相统一的归责原则。这对当下中国高校研究生导师立德树人职责的落实与研究生教育的改革皆具重要意义。

第一章

高校校规的性质及其基础

一 高校校规的性质

高校校规的权力边界由其性质所决定。只有回答了校规性质这个基础性、本源性的问题，由表及里、层层剖析，方不至于在政府与高校、法律法规与高校校规、监督和自主等错综复杂的关系中"迷失"。在司法实践中，高校校规的效力和边界问题存在较大分歧，既有法院以"高校自主"、"学术自由"的名义彰显校规"自有效力"的主张，也有强调国家法与校规之间的"上下位法"关系的主张，压缩校规的治理空间，主张校规的相对法律效力。实践思维的差异反映了校规性质的混沌状态，学理上尚未对此达成基本的共识，迄今对校规性质的定位有"权力法定论"、"社会契约论"与"自治规章论"三种观点。①

（一）权力法定论

第一种观点逻辑上的解释是，校规制定权由国家立法授予，可称之

---

① 也有观点主张，我国高校行政诉讼在通过法规授权条款将高校的行为纳入了行政行为范围的同时，对相应校规也做了定位，形成了"介入性校规"和"自主性校规"两个类型，前者是指以实施国家行政权为目的而设置的校规，后者是指高校基于法人属性享有"教育自主权"针对内部管理所制定的校规。参见朱芒《高校校规的法律属性研究》，《中国法学》2018 年第 4 期。

为"权力法定论"。高校校规所涉事项应属于高校依法享有管理权的范畴，否则属于无效的越权管理。① 现行国家法包含了一些有关校规制定权的授权规范，这是权力法定论的主要依据。② 《中华人民共和国高等教育法》（以下简称《高等教育法》）第 41 条规定，高等学校的校长全面负责本学校的教学、科学研究和其他行政管理工作，有权"拟订发展规划、制定具体规章制度和年度工作计划并组织实施"。③ 《普通高等学校学生管理规定》第 67 条亦授权高等学校根据本规定制定或修改学校的学生管理规定或者纪律处分规定。《中华人民共和国学位条例暂行实施办法》（以下简称《学位条例暂行实施办法》）作为行政法规，在第 25 条中规定："学位授予单位可根据本暂行实施办法，制定本单位授予学位的工作细则。"类似的观点亦见诸司法实践，即高校校规应当有上位法依据。举例而言，我国现行的法律、法规、规章均没有授权学位授予单位补授学士学位。对此，有法院认为，校规做出"学士学位原则上不予补授"的规定，与上位法不冲突，符合"法无授权视为禁止"的行政法学原理。④

"权力法定论"认为，自治来源于授权，违反授权的校规无效，似乎大学自治的权限皆由国家法决定。此种认识流于法律规范的表象，谬误较为明显。

---

① 张金辉、刘宇晖：《依法治校背景下的高校校规》，《河北师范大学学报（教育科学版）》2010 年第 10 期。

② 参见刘标《高校规章制度的行政法分析》，《苏州大学学报（哲学社会科学版）》2004 年第 4 期。

③ 本书对相关法律及条款的引用，如果未特别注明，以本书出版当时的有效法律为准。但存在两个例外，一则对司法裁判的直接引用，尊重裁判原文对当时适用的相关法律条款表述，二则在分析论证时涉及相关法律或条款的旧版本，会特别予以注明。此外，为论述方便，对部分多次提及的法律在首次出现时采用全称，之后的论述除了直接引用相关文献外采用简称。

④ 武汉市中级人民法院〔2006〕武行终字第 130 号行政判决书。另参见深圳市南山区人民法院〔2004〕深南行初字第 22 号行政判决书、长沙市岳麓区人民法院〔2003〕岳行初字第 13 号行政判决书。

其一，校规的制定主体是高校，其脱离于行政机关的组织体系。我国校规的制定法依据见诸《高等教育法》、《学位条例暂行实施办法》、《普通高等学校学生管理规定》等国家立法，制定法依据包括以下内容："根据社会需求、办学条件和国家核定的办学规模制定招生方案"；"依法自主设置和调整学科、专业"；"根据教学需要，自主制定教学计划、选编教材、组织实施教学活动"；"根据自身条件，自主开展科学研究、技术开发和社会服务"；"根据本规定制定或修改学校的学生管理规定或者纪律处分规定"；"制定本单位授予学位的工作细则"等。但国家法授权高校制定校规的基础是依法自主办学和学术自由，这种保障的位阶同时包含了宪法和法律。①

《中华人民共和国宪法》（以下简称《宪法》）第 47 条规定："中华人民共和国公民有进行科学研究、文学艺术创作和其他文化活动的自由。"该条款虽未明文提及学术自由，但其中的科学研究的自由已包含了学术自由的核心价值。②《高等教育法》第 10 条规定"国家依法保障高等学校中的科学研究、文学艺术创作和其他文化活动的自由"，亦对保障学术自由予以了确认。1987 年全国人大常委会决议中强调的"在文艺创作和学术研究领域中，要在遵守宪法规定的原则下，继续实行创作自由、学术自由……"③ 亦是对《宪法》第 47 条内涵的权威解释，与"科学研究、文学艺术创作和其他文化活动的自由"相呼应。近年来，国

---

① 亦有学者指出，"权力法定论"不能在相关法律和规章缺失的情况下解释大学的内部规则制定权。《中华人民共和国教育法》（以下简称《教育法》）制定于 1995 年，《高等教育法》制定于 1998 年，最早的相关文件《普通高等学校学生管理规定》也是在 1990 年才颁布。参见张冉《高校校规：大学自治与国家监督间的张力》，《清华大学教育研究》2011 年第 6 期。

② 学术自由在不同国家和地区的宪法中有不同的表达语词，在德国基本法中是"Wissenschaftsfreiheit"，在《日本宪法》中为"学问自由"，美国的学术自由是从美国宪法第一修正案的言论自由以及正当法律程序条款中推导出来的，而我国台湾地区理论与实践解释学术自由的法源依据则是"讲学自由"。

③ 《第六届全国人民代表大会第五次会议关于〈政府工作报告〉的决议》，1987 年 4 月 11 日第六届全国人民代表大会第五次会议通过。

务院在一些规范性文件或长远规划中也提及了"保障学术自由，弘扬科学精神"[1] 与"倡导学术自由和民主"。[2]《中华人民共和国学位法草案（征求意见稿）》（以下简称《学位法草案》）亦提出"坚持学术自由与学术规范相统一"，对学术自由予以了承认。学术属于人类精神活动的范畴，在真理的探求、传播与学习乃至人类文明进步的过程中不可或缺。国家立法对高等学校依法自主办学与校规自治空间的确认，也是在贯彻《宪法》的相关规定与基本精神。

其二，国家立法亦应落实与保障高等学校依法自主办学。这从《普通高等学校学生管理规定》的修改可见一斑，相较于教育部第 7 号令，教育部第 21 号令取消了将不及格课程数目、不及格课程学分、最长学习年限、擅自结婚等作为退学的情形，实际上扩大了高校自治的范围，教育部第 41 号令更是通过第 15 条明确退学的要求"由学校规定"。

（二）社会契约论

第二种观点强调校规的契约性，即所谓的"社会契约论"。从高等学校与学生的关系、高等学校的产生及本质三方面看，校规作为高等学校与学生双方权利（权力）与义务的表现形式，具有契约的属性。[3] 这种说法意在指摘，将校规归入高校自治权范畴具有片面性。不可否认的是，现代行政正在不断地融入协商精神和民主因子，若将高校校规视为高校与学生之间的契约，将高校校规制约下的学生参与和意见表达贴上"契约"的标签，显然混淆了学生和教师在实现高校自主和学术自由中

---

① 《国务院关于落实〈政府工作报告〉重点工作部门分工的意见》（国发〔2012〕13 号）。

② 《国家中长期科学和技术发展规划纲要（2006—2020 年）》（国发〔2005〕44 号）。

③ 例如余雅风《契约行政：促进高等学校学生管理的法治化》，《北京师范大学学报（社会科学版）》2007 年第 2 期。亦有学者认为，在我国除学位管理以外的高校校规都属于民法上的格式合同。该说法强调了校规的双方性，即校规虽由学校制定，但需要经过学生明示或者默示的认可。例如，学校在招生简章或者给学生的录取通知书中附上校规，而将学生的报考或者到校进行入学注册的行为视为学生对校规的同意。按照此种说法，学生入学以后，学校一般就不能创设新的规则。参见田鹏慧、张杏钗《高等学校校规的法律性质及效力判定》，《高教探索》2004 年第 1 期。

所扮演的角色。学生在校规形成上与高校达成合意的程度和效力，难以证立校规的契约性质。更何况学生权利的保护亦非源于校规这种"契约"，而是根植于宪法和法律所保护的基本权利。这一观点忽视了一个更为根本性的问题，即谁是大学治理的主体？

高校依法享有办学自主体现了大学的基本精神。"研究者的这一自由空间，如同艺术家从事艺术活动一样，基本是毫无保留地被保护的。在其中享有绝对的不受公权力干预的自由。这一自由空间，首先包含以学术的自我规定为基础的过程、行为方式以及关于探求知识及其阐释和传播的决定。"[1] 校规是高校治理的重要手段，是学术自治权的体现，其形成有赖于高校成员的民主参与。在大学治理中，教师、研究人员、学生都是学术自由（包括研究自由、教学自由和学习自由）的享有主体，但以上主体享有的程度不一样，研究自由和教学自由处于学术自由的核心，因此所有有关研究与教学问题的决定，都应当"排除非学术人员组别的无差别参与"[2]。教师在学术事务治理上，基于其专业知识上的可信赖性、教学研究的经验以及作为成员的长期性和稳定性，应被视为大学治理中的重要力量。如《高等学校学术委员会规程》（教育部第 35 号令）第 6 条规定"学术委员会一般应由学校不同学科、专业的教授及具有正高级以上专业技术职务的人员组成"，"不担任党政领导职务及院系主要负责人的专任教授，不少于委员总人数的 1/2"，即是保障教师、科研人员在学术事务管理中主体作用的体现。

上文表明，校规不是行政契约。往校规中"注入"协商精神和参与因子，既有助于办学自主和学术自由的实现，也有助于基本权利的保护。但若将校规视为高校与学生之间的契约，不但牵强附会，而且是对大学治理本质的错误认识。

---

① Vgl. Hochshul – urteil, BVerfGE 35，79.

② Vgl. Hochshul – urteil, BVerfGE 35，79.

（三）自治规章论

第三种观点将高校校规视为高校自治的产物，该主张更具普遍性。"高等学校享有法律上的自治权力，其所制定的规则对大学内部的机构活动具有明确的规范性，是大学自我管理、自我约束和接受监督的基本依据，也是我国教育法制体系的重要延伸，其性质应当定位于自治规章。"① 类似的主张认为，公立高校校规是学生的法律，校规的法源地位来自大学自治，大学成员的集体契约所形成的权利让渡构成了对大学成员的约束力。② 这种观点冀图从自治理论出发，从地方自治与团体自治，来论证校规的法源地位，具有一定的洞察力。但其并未厘清自治的本意以及自治与监督的关系，只是用自治的"大帽子"模糊地勾勒校规的"法律图像"。

大学自治权是从德国引进的概念，从其在德国的发展脉络来看，系为保护学术自由而产生和发展的。学术自由受到普遍承认已是不争的事实。根据学者对世界 142 部宪法的统计，其中有 34 部规定了学术自由，占 23.9%。③ 德国基本法第 5 条第 3 项规定："艺术与学术、研究与教学均是自由的。教学自由不得免除对宪法的忠诚。"我国台湾地区大法官第 563 号解释将讲学自由阐释为大学教学、研究与学习之自由，并于直接关涉教学、研究之学术事项，享有自治权。日本的"部分社会说"认为，大学是不同于一般市民社会的特殊组织，为实现其教学和科研需要，可以在没有法令规定的情况下自行创建规则。④ 美国宪法文本虽未明确规定学术自由，但在判决中多次提及。⑤ 我国《宪法》第 47 条规定的

---

① 胡肖华、徐靖：《高校校规的违宪审查问题》，《法律科学》2005 年第 2 期。
② 田鹏慧：《校规地位的法理研讨》，《辽宁教育研究》2007 年第 7 期。
③ 参见亨利·范·马尔赛文、格尔·范·德·唐《成文宪法的比较研究》，陈云生译，华夏出版社，1987，第 161 页。
④ 参见谢瑞智《教育法学》，台北文笙书局，1996，第 65 页。
⑤ 具有代表性的判决参见 Adler v. Board of Education, 342 U. S. 485；Sweezy v. New Hampshire, 354 U. S. 234；Keyishian v. Bd. of Regents, 385 U. S. 589；Regents of University of Michigan v. Ewing, 474 U. S. 214。

"中华人民共和国公民有进行科学研究、文学艺术创作和其他文化活动的自由",是我国学术自由的根本法依据。

学术自由固然不能等同于大学自由或者大学自治①,高校自治是学术自由的典型表现。高校自治抑或大学自治,不具有本源性的价值,其旨在维护和实现学术自由。我国《高等教育法》第 11 条规定高等学校"依法自主办学,实施民主管理",第 18 条规定"高等教育由高等学校和其他高等教育机构实施",以及该法确认了高等学校自主招生、教学与研究的权利等,《教育法》第 29 条规定学校及其他教育机构行使"按照章程自主管理","组织实施教育教学活动"等权利,并强调"国家保护学校及其他教育机构的合法权益不受侵犯"。校规自治须从更为本源的基本权利体系寻求合法性和正当性,校规实属对作为基本权利性质的学术自由进行保障的重要手段。

因此,校规制定权从根本上源于学术自由,它既不是来自国家授权、社会契约,也不根植于高校自治。亦即,我国相关法律规范确认了而不是从本源上创造了大学制定校规的权力。② 由此演绎出来的逻辑是,高校自治权不能不当侵害学术自由,其具有自身的边界。校规自治边界的确定具有保护高校免受公权力的不当干预与自我规制约束的双重功能。免受公权力不当干预的功能表现在,防止行政权与司法权不当干预高校在自主办学范围内的事务。与域外高校办学自主权的法律意涵不同,我国《高等教育法》第 11 条确立的"自主办学"以"依法"为前提,因而所指向的是免受行政权与司法权的不当干预。高校享有的学术自由空间同样应受到国家法限制。自我规制约束功能表现在,高校自治必须尊重学术自由与法律原则。若简单地以学术自由和高校自治为由,过分地扩张校规的权力边界和法律效力,则会使本已陷入"混沌状态"的高校

---

① 参见陈新民《宪法学释论》,三民书局,2008,第 260~262 页。持此观点的还可参见王德志《论我国学术自由的宪法基础》,《中国法学》2012 年第 5 期。

② 张冉:《高校校规:大学自治与国家监督间的张力》,《清华大学教育研究》2011 年第 6 期。

校规适用"剪不断，理更乱"！

二　高校校规自治的基础

在不同理念下，校规与国家法的关系、遵循的原则、自主的程度有着本质的差异。加之，两者在规范层面上往往缺乏明确的界限，导致授权与自治的"混沌"，这也是理论界和实践界对校规权力边界的认识存在"鸿沟"的重要原因。因此，我国校规"自治"边界各种争议的厘清，应当追本溯源，在现有规范依据的基础上分析校规的治理范围。

（一）我国校规权力边界的规范分析

有关校规与国家法治理范围划分的条款，分布在《高等教育法》《普通高等学校学生管理规定》等国家法规范中。通过对相关法规范的梳理和分析，不难发现，我国校规治理的范围实际上依赖于国家法的主导和授权。主要体现为：国家法与校规之间的权限划分缺乏明确的标准，校规治理的范围由不同层级的国家法规范确定，同时，校规还需受国家法强制性条款的约束。

第一，国家法与校规之间的权限划分缺乏明确的原则与清晰的标准。《教育法》第 29 条规定，学校及其他教育机构具有一系列权利，包括按照章程自主管理、组织实施教育教学活动、招收学生或者其他受教育者、对受教育者进行学籍管理、实施奖励或处分、对受教育者颁发相应的学业证书等。该条款强调高校的"权利"基于"法律、法规的规定"，第 30 条还规定高校应当"依法接受监督"，意图在高校与政府、软法与硬法、自治与监督之间勾勒出基本的轮廓。然则，简单从具体事项上进行的权利划分注定"流于表面"。所谓的"自主管理"、教学、招生、颁发学位、奖惩等都要受制于该法第 29 条①所规定的义务的限制，这里既有法律法规的限制，也有较为抽象的教育方针、教学标准与教学质量要求。《高等教育法》第 11 条规定高校"依法自主办学"以及第 32～38 条自主范围的列举，为高校校规的治理边界提供了指引，但由于立法本身的原则性与纲领性，高校校规治理的边界仍有进一步解释的空间。

第二，校规治理的范围由不同层级的国家法规范确定。有关校规治理范围的法律规范有《中华人民共和国学位条例》（以下简称《学位条例》）、《教育法》、《高等教育法》、《学位条例暂行实施办法》与《普通高等学校学生管理规定》，此外，各种规范性文件亦为校规治理划定框架。如国务院学位委员会于 2003 年所做的《关于对〈中华人民共和国学位条例〉等有关法规、规定解释的复函》（学位〔2003〕65 号）对学位的授予条件做出了扩大解释，即申请学位的公民要拥护中国共产党领导、拥护社会主义制度，其本身内涵是相当丰富的，涵盖了对授予学位人员的遵纪守法和道德品行的要求。还有地方规范性文件，如广东省高等教育局颁发的《广东省普通高等学校学士学位条例暂行实施办法》（粤高教科〔1991〕42 号）将政治条件作为获得学位的条件之一。高校不同于一般的行政机关，校规的自治范围固然不受法律保留原则的严格约束，但国家对校规治理的监督必须严格遵守法律保留原则。我国通过各种层次的立法，甚至其他规范性文件介入校规治理的范围，为校规的实质内容注入国家法的内涵。《高等教育法》第 11 条赋予高等学校"依法自主办学"的权利，既表明高校校规的自主空间源于国家法的确认，又表明公权力介入高校治理应当具有法律根据。

第三，校规还须受到国家法强制性条款的约束。国家法的一些强制

---

① 《教育法》第 30 条规定学校及其他教育机构应当履行下列义务：（一）遵守法律、法规；（二）贯彻国家的教育方针，执行国家教育教学标准，保证教育教学质量；（三）维护受教育者、教师及其他职工的合法权益；（四）以适当方式为受教育者及其监护人了解受教育者的学业成绩及其他有关情况提供便利；（五）遵照国家有关规定收取费用并公开收费项目；（六）依法接受监督。

性条款，对校规的制定设定了界限。这些强制性要求包括招收符合国家规定的录取标准的残疾学生（《高等教育法》第 9 条），符合法定的学业标准（《高等教育法》第 16 条），根据社会需求、办学条件和国家核定的办学规模招生（《高等教育法》第 32 条），对舞弊行为给予制裁等，这些强制性条款对高校自治形成了外部制约。实践中，通过强制性条款来干预高校治理呈现出减少的趋势，一些抵触上位法或者不合理的规定被废止，如《普通高等学校学生管理规定》于 2005 年修订时，删除了原来的"在校期间擅自结婚而未办理退学手续的学生，做退学处理"的规定。再如山西省教育厅于 2008 年废止了 2000 年山西省学位委员会印发的《山西省学士学位授予工作暂行规定》（晋学位〔2000〕2 号），旨在"适应新形势下学士学位管理工作的需求，充分发挥各学位授予单位的作用"，后者针对学士学位授予规定了英语四级成绩、补考科目数量限制等具体条件。

在我国，哪些属于大学自治的范围，哪些属于国家介入的内容，皆源于国家法的规定。《教育法》与《高等教育法》为高校校规的边界设定了基本框架，但由于立法对高校办学自主权的赋予以及法律规范的纲领性，高校校规的自治边界还有待在理论、制度与实践等层面上借助法释义学进一步澄清。

（二）"单一基本权利观"下的校规治理论之批评

在硬法与软法混合治理的框架下，硬法代表着国家权力的介入，软法代表着团体（大学）的自治。因此，政府介入与团体自治之间必然存在边界。为此，不少学者试图依据重要性理论，从学生基本权利的保护出发，构建新的校规治理框架，笔者将之概括为"基本权利观"下的校规治理论。

"单一基本权利观"下的校规治理论以学生权利保护为出发点，试图借鉴德国特别权力关系的修正理论，将在学关系区分为基础关系与管理关系或重要性关系与非重要性关系。在基础关系或重要性关系中要求适用法律保留原则，学校不得自行决定，而在管理关系或非重要性关系中，可由学校自主规范。① 所谓的重要性关系，是指入学、升学、转学、退学、开除等关系学生身份地位的情形。更有甚者，将校规效力与学生的基本权利联系起来。"高校规章制度是否具有对外效力，主要取决于该内部规则是否涉及相对人的入学、转学、退学、开除学籍等可以改变其身份地位的重要权利（包括基本权利）。"② 我国台湾地区亦有学者持此观点："举凡教育内容、学习目的、修课目录、学生之地位等有关大学生学习自由之'重要事项'，皆应以法律明文规定之，或有法律明确之授权。尤其是足以剥夺大学生学习自由之退学或开除学籍处分，更应以法律明定其事由、范围和效力，而不得仅以行政命令或各校之学则即予剥夺，此乃法律保留原则之基本要求也。"③ 此类主张以事项是否对学生权利产生重大影响作为国家法与校规边界划分的依据，事项不重要者方可由校规介入。校规应受到法律优位和法律保留的限制，基于国家法律的授权，基本权利的限制性规范应由国会订立，自治规章无权规范。④

"单一基本权利观"下的校规治理论概括起来具有以下内涵：其一，该观点以学生基本权利的保护作为核心的价值；其二，校规的治理范围应基于国家法律的授权；其三，以重要性理论作为界定标准，划分国家法与校规各自的范围。对严重影响学生基本权利的事项，应由法律明确规定。然则，以上三项主张都难以经得起仔细推敲。

首先，学生基本权利的保护并非校规治理所追求的唯一价值。法律保留原则源于民主、法治原则和对基本权利的保护，校规所涉及的学生

---

① 马怀德：《学校、公务法人与行政诉讼》，载罗豪才主编《行政法论丛》第3卷，法律出版社，2000，第430~431页。类似的观点参见刘标《高校规章制度的行政法分析》，《苏州大学学报（哲学社会科学版）》2004年第4期。

② 刘标：《高校规章制度的行政法分析》，《苏州大学学报（哲学社会科学版）》2004年第4期。

③ 蔡震荣：《行政法理论与基本人权之保障》，台湾五南图书出版公司，1999，第98页。

④ 董保城：《教育法与学术自由》，台北月旦出版社股份有限公司，1997，第152~154页。

权利保护并不具有单一的导向性。无论是基本权利，还是学术自由抑或大学自治，都无法成为校规治理中唯一的核心价值。过度强调学生权利观的必然后果是，法律保留原则得到"无节制"的坚持，无形中侵蚀"学术自治"的根基，进而使学术自由和高校自治受到抑制。这是因为学生的受教育权、婚姻自主权、职业选择自由、财产权等基本权利，相较于宪法上另一项重要的基本权利——学术自由并不具备天生的优先性。基本权利之间不可避免地存在冲突，宪法提供框架性价值秩序，并没有预设某种绝对的权利观。因此，考察学生的基本权利是否受到侵犯，必须将其置身于整个宪法秩序中，平衡不同权利之间的价值和分量。

其次，将国家法规范视为校规正当性的唯一来源乃本末倒置。如上所述，大学自治的正当性来源还可以追溯至宪法上的基本权利。哪些属于国家管理的范围，哪些属于校规治理的领域，不能完全由一般的国家法规范进行主导配置。在大学自治不真实的情形下，法院若还打着"大学自治"的旗号，宣称所谓的"司法谦抑"，都不过是教条式的机械适用罢了。更须保持警惕的是，一味"迷信"法律保留原则和学生基本权利的保护，试图加强国家法的干预，有可能在与校规自治发展的相反方向上渐行渐远。高校在法律范围内享有自治权，不排除校规自治受到法律规范与法律原则的制约。国家法在"授权"的同时，亦可能限制高校校规自治边界。法律授权仅是对校规自治范围的确认，高校校规还须受到学术自治原则以及法定原则的约束，对此最高人民法院指导案例 39 号已有所说明。

最后，法律保留不完全适用于国家法与校规治理范围的划分。高校非国家政府机关，其属于社会范畴的权利主体。高校自治的目的，是追求学术自由，排除公权力的不当干涉。高校通过校规限制其成员权利，如制定学位授予细则，是学术自治的结果，与国家权力的限制不可相提并论，因而不可仅将法律保留作为划分校规治理范围的依据。举例而言，学位授予决定会对学生权利造成重大影响，但不意味着国家法应当对学位授予条件、程序等做出过于具体的规定。这并不意味着校规自治脱离国家监督，为了保障实现学术自由，调和学术自由与成员其他基本权利的张力，国家立法应当构建基本的框架。作为法律保留原则的体现，重要性理论很大程度上为特别权力关系"除魅"，使高校治理进入法治理性的领地。我国学者冀图引进重要性理论，为当下中国高校与学生之间的纠纷解决提供新的理论指引，其积极意义不可抹杀。然则，不管是学者和法官，还是社会公众，往往都将目光聚焦于法律保留与学生权利的保护。由是，在"甘露案"中，最高人民法院对当时适用的《普通高等学校学生管理规定》的相关条款做出了限缩解释，直接确认了高校校规违反国家法的规定而无效。这种权利观忽视了校规自治的本质，从侧面反映了权利观在我国高校司法实践中的扭曲适用。

因此，高校校规的权力边界，须摆脱单一基本权利观和法律保留原则的机械指引。校规自治的核心在于寻求学生权利保护和学术自由保障之间的平衡。硬法的归硬法，软法的归软法。校规权力边界的确定，应以基本权利为核心，通过作为软法机制的校规，平衡高校与政府、自治与监督之间的张力，从"对相对人法定权益的保护"和"对社会公权力主体自治体系的维系"① 角度定位软法与硬法的边界。合法性框架下的校规与国家立法的关系体现在两个方面：一是校规基于学术自治的法的约束松绑；二是国家立法的框架保障功能。

（三）校规基于学术自治的法约束松绑

"田永案"与"何小强案"两个指导案例皆强调了校规"必须符合法律、法规和规章的规定"，这里的"符合"不应错误地理解为国家立法相较校规具有绝对的优先效力。高校自治与一般的秩序行政不同，代表机关意志的国家法不能过多地将触角深入自治的领域。"以传统上下

---

① 周华兰：《议"软法"与"硬法"的救济边界——以公立高等院校学生管理纠纷为例》，《湖南社会科学》2009 年第 1 期。

行政阶层的理解无法掌握学术以及学术行政，而须以合作与合议为原则才能加以掌握"。①

　　校规（包括章程）制定权是大学自治的核心要素。在大学自治权内，大学在其有权规范的事项范围内，取得了"与立法者相同的地位"。我国《宪法》第 47 条使学术自由得以确立与保障，不仅蕴含了大学校规制定权的正当性，也为立法权与行政权设定了干预的界限。法律保留源于民主原则、法治原则与基本权利的保护，② 其核心要义在于通过民意机关制定的法律实现对行政的约束，显然不完全适用于学术自由保障。作为基本权利的学术自由，其本质就在于通过学术组织的自治与自律避免学术活动被国家予以"多数决"化。③ 若有关招生、教学、研究、学位授予等事关学生重大权益的问题，皆须由具有民主合法性的法律来予以事无巨细的规定，将背离依法保障高校自主办学的法定目标。故而，基于学术自治，对校规的法约束松绑是学术自由保障的要义与体现，校规的效力考察不应简单地适用法律保留。举例而言，我国学位立法针对学位授予条件与程序的规定较为原则，采用了大量不确定法律概念，即是法约束松绑的体现。于此意义上而言，对校规的约束不同于对行政权的限制，法律保留原则一定程度上失去了适用于校规的前提条件。

　　高校自治除以专业知识为基础，以当事人参与为特征，还应当体现高校为履行教学、科研和管理任务的自负其责，因而在学术自治范围内，校规还须遵循法律优先原则。"自负其责特征指的是自治机构与国家保持距离。它将国家机构对自治团体的监督限制为合法性监督。"④ 我国《高等教育法》第 10 条"在高等学校中从事科学研究、文学艺术创作和

---

①　Eberhard Schmidt-Aßmann, *Das allgemeine Verwaltungsrecht als Ordnungsidee: Grundlagen und Aufgaben der verwaltungsrechtlichen System Bildung* (Springer, 2004), S. 133.

②　Vgl. Maurer, *Allgemeines Verwaltungsrecht* (C. H. Beck, 2009), S. 116–119.

③　参见许育典《法治国与教育行政》，台北高等教育文化事业有限公司，2002，第 291 页。

④　埃贝哈德·施密特－阿斯曼等：《德国行政法读本》，于安等译，高等教育出版社，2006，第 152 页。

其他文化活动，应当遵守法律"与第 11 条高等学校"依法自主办学，实施民主管理"原则性地对学术自治的监督局限于法律监督。因此，针对高校校规，包括司法审查在内的国家监督不应以"自治"的大帽子逃避监督，而须积极担负起学术自由保障的神圣使命。否则，司法的退让将导致"高校—学生"的关系越来越逃逸于国家的合法性监督之外，既侵害学术自治，也不利于高校成员的权利保护。合法性审查的首要任务是要确认校规的内容与学术自治是否相关。我国《高等教育法》等相关法律对高校自治的范围未做出明确界定，对学术自治范围的界定应从学术自由的本质与内涵出发进行认定。实际上，对此做出逐一的列举亦无可能。大学自治事项与非自治事项划分的实益，在于通过国家监督（包括司法审查）的方式，在保障学术自治和尊重大学自治的基础上对大学自治范畴下的校规进行合法性审查。

当然，目前我国校规制定时的组织保障与程序保障不够充分，使得校规的正当性难免遭受质疑。但除了未以适当的方式公开、制定主体不合法等情形外，就校规制定的组织保障（如制定主体是否体现了多元的代表性）、制定程序是否体现了学术自治、涉及宪法解释问题，法院在司法审查中应当止步。否则，合法性审查将逾越现有的宪法框架，引发司法权行使的合法性危机。但若忽略合法性审查的前提，即校规是否与学术自治相关，一味地以大学自治为由拒绝对校规进行合法性判断，对大学成员的基本权利将造成严重损害，亦恐导致高校所谓的"自治"侵害学术自由。

（四）国家立法的框架保障功能

在基本权利保护和民主与法治国思想的影响下，法律保留原则应运而生，它要求对公民基本权利的影响越深远，就越需要较高层级的规范予以限定。法律保留意在借助立法手段，使公民能够抵御行政权的不当侵害。法律保留不能简单地应用于国家立法与校规的关系层面，具有两个重要的理由：其一，高校成员的基本权利相较于学术自由不存在天然的优先性；其二，国家立法与校规之间不构成上下位法的关系，为保障学术自由，国家立法应避免过度规制。因此，并非涉及到高校成员权利的事项都须严格遵循法律保留原则。当下我国《教育法》、《高等教育法》、《学位条例》等国家立法仅为高校自主权设定了框架，而未对学位授予、课程设置等事项予以详细而明确的规定，足可印证。

因此，法律保留针对校规具有双重功能。其一，设定自治框架。为防止高校自治的异化，基于宪法上保障学术自由的规范使命，国家立法应当为高校的自治设定框架。"法律有必要设定学术研究的外围界限。"①这种自治框架的设定，一则服务于学术自由与高校自治的实现，构造学术自治的内部框架，二则防范其他国家权力，特别是行政权对学术自治的不当干预。因此，法律保留原则于高校自治领域的另一个重要适用情形在于，行政权的监督应当遵循法律保留原则。其二，针对与学术自由及高校自治无关的事项，为防止高校利用校规严重影响成员的基本权利，因此不能排除法律保留原则的适用。

最高人民法院指导案例 38 号所称的校规"必须尊重和保护当事人的合法权益"局限于合法性框架内，并非宣扬对校规的适当性审查。其积极意义在于，若校规涉及与学术自由无直接相关的一般行政事项，如行政纪律处分，必须有国家立法的明确依据。以"颜帅诉南昌大学教育行政管理案"（以下简称"颜帅案"）②为例，当时适用的《普通高等学校学生管理规定》（2005 年颁布）第 54 条规定考试舞弊行为严重的才可以开除学籍，而《南昌大学学生考试违规处理办法》规定代考的一律开除学籍。法院以"教育自主权"推断该校规具有约束力，忽视了合法性审查在不同情形下的内涵差异。若校规涉及与学术性无关的问题，对校规

---

① Eberhard Schmidt-Aßmann, *Das allgemeine Verwaltungsrecht als Ordnungsidee：Grundlagen und Aufgaben der verwaltungsrechtlichen System Bildung 2. überarbeitete und erweiterte Auflage*（Springer, 2006），S. 134.

② 参见南昌市中级人民法院〔2009〕洪行终字第 31 号行政判决书。

的合法性审查不仅要考察校规是否与国家立法相冲突，还须分析校规的内容是否具有国家立法上的明确依据。依此，指导案例 38 号与指导案例 39 号的合法性审查逻辑应当有所不同，因作弊行为予以退学与将四级考试作为授予学士学位的条件，以上两种情形与学术自由的关联程度显著不同：前者一般与学术自由无涉（若属于一般的课程考试），不属于学术自治的范畴；而后者事关高校对人才培养的定位与水准问题，在这类问题上应当尊重学术自治。

当事人合法权益受法律保护，这源于《高等教育法》第 53 条的规定。但"合法权益"所指为何，法律规范未提供明确的解释。《高等教育法》第 9 条赋予"公民依法享有接受高等教育的权利"，与《宪法》第 46 条"中华人民共和国公民有受教育的权利和义务"确定的受教育权不可相提并论。受教育权依宪法基础不同，可区分为"给付请求权"以及"给付分享请求权"。[1] 前者能引申出公民对国家提供给付的请求权，后者需要通过国家立法的制度性保障才能享有。且接受高等教育的权利局限于注册学生，不能凭借给付请求权实现。退学处分若事关学术伦理的保障，[2] 未必与学术自由完全脱钩。这种国民教育之外的学习权利由学术自由衍生出来，应受到学术自由的内在限制，不受法律保留原则的限制。"学习自由本身，只是学术自由的保护法益，并非独立的基本权利，其受宪法保护的目的，须与学术自由的实践相关。"[3] 因此，有必要对校规的类型进行区格，若校规关乎学术自治，对学生法益的保护可通过宪法与行政法的基本原则来保障校规的合法性；若校规与学术目的无关，自当受法律保留原则的约束。

---

① 袁文峰：《受教育权的宪法条款援引、内涵及救济路径——基于齐玉苓案与罗彩霞案的分析》，《政治与法律》2015 年第 4 期。

② 参见最高人民法院〔2011〕行提字第 12 号行政判决书。

③ 许育典：《学术自由作为大学法制的核心建构——二一退学宪法争议的省思》，载翁岳生教授祝寿论文编辑委员会编《当代公法新论（上）——翁岳生教授七秩诞辰祝寿论文集》，台湾元照出版公司，2002，第 169 页。

| 第二章 |

高校校规自治的依据与形式

一 高校校规自治的依据

无论是国家立法对高校校规的框架保障，还是校规基于学术自治的法的约束松绑，都蕴含着国家立法上的依据。因此，根据理论与实践的逻辑，笔者将高校校规的合法性依据分为三种类型：权限依据、内容依据和立法原则依据。

（一）权限依据

校规是否具有制定的权限依据，往往成为司法审查的主要切入点。基于此，只要国家立法赋予了高校办学自主权，高校即有制定相应规则的正当性与合法性。如在"褚明诉天津师范大学不授予学士学位案"中，法院从《高等教育法》第 11 条"高等学校应当面向社会，依法自主办学，实行民主管理"引申出，"高等学校享有办学自主权。对在校学生学习成绩的评价标准，高等学校有权自主决定。这种自主权在不违背法律原则的前提下应当受到司法的尊重"。① 亦有将《学位条例暂行实施办法》第 25 条"学位授予单位可根据本暂行实施办法，制定本单位

---

① 参见天津市高级人民法院〔2004〕津高行终字第 0044 号行政判决书。

授予学位的工作细则"作为校规合法性的依据。①

将制定校规的授权依据作为合法性审查的基础，需要受到两方面的质疑：一是授权依据是否属于校规制定的正当性依据，二是校规制定的正当性与校规的合法性是否存在区别。国家立法与校规之间不存在立法的传送带关系，高校校规的制定权源于学术自由，而不只是来自法律的授予。即使有授权，亦区别于民意机关对行政立法的授权，无须满足授权明确性原则。这种概括性的授权无法证立校规的实质正当性。同时，校规制定的正当性亦不可与校规实体的正当性相提并论。大学自治并非给大学开具一张"空白支票"，使得大学成为恣意的法外疆域。作为一种制度性保障，大学自治源于学术自由，服务于学术自由，但仍然具有内在的界限。因此，高校自治将权限规定作为合法性的唯一依据不具有足够的说服力。

（二）内容依据

内容依据的审查方式是指，校规的有关规定应当具有国家立法上的明确依据，否则，校规就无法通过合法性审查之门。指导案例 38 号指出涉案校规与《普通高等学校学生管理规定》第 29 条规定的"法定退学条件相抵触"，即从内容上审查其是否具有法定依据，但国家立法未规定作弊作为退学的情形之一。类似地，在"王玲诉武汉工程大学履行授予学士学位法定职责纠纷案"② 中，法院认为，我国现行的法律、法规、规章均没有授权学位授予单位补授学士学位，被告做出"学士学位原则上不予补授"的规定，与上位法并不冲突，符合"法无授权视为禁止"的行政法学原理。③

---

① 参见深圳市南山区人民法院〔2004〕深南法行初字第 22 号行政判决书。
② 参见武汉市中级人民法院〔2006〕武行终字第 130 号行政判决书。
③ 参见武汉市中级人民法院〔2006〕武行终字第 130 号行政判决书。另参见深圳市南山区人民法院〔2004〕深南法行初字第 22 号行政判决书、长沙市岳麓区人民法院〔2003〕岳行初字第 13 号行政判决书。

司法实践中，国家立法的纲领性规范有时亦作为合法性审查的依据。这些纲领性规范，如"拥护中国共产党的领导、拥护社会主义制度"、等表明"学位申请者的学术水平，只是学位申请者获得学士学位的必备条件，而不是所有条件"。① 换言之，纲领性规范亦可为校规的内容提供正当性支撑。若国家立法规范不明确，司法说理往往还引用相关的行政解释佐证，包括援引学位管理部门或教育行政部门对一些立法规范做出的解释或者基于国家立法制发的暂行条例或指导意见。如"阮向辉诉被告深圳大学行政不作为案"② 与"傅某诉深圳大学案"③ 中，广东省高等教育局下发的粤高教科〔1991〕42 号文件《广东省普通高等学校学士学位条例暂行实施办法》都被视为支撑校规内容正当性的重要依据。

内容依据可能体现在不同的规范层面，既有国家立法中的纲领性条款，亦有行政机关针对国家立法所做的解释。以学位授予为例，据笔者在互联网上的搜索与统计，全国已经有 10 个省、自治区或者直辖市曾制定了学士学位授予的办法或指导意见。④ 如广东省高等教育局颁发的《广东省普通高等学校学士学位条例暂行实施办法》（粤高教科〔1991〕42 号文件）⑤ 将政治条件作为获得学位的条件，（鲁教研发〔2021〕1 号）将"坚持四项基本原则，遵纪守法"⑥ 明确为授予学士学位的标准。

---

① 参见苏州市中级人民法院〔2008〕苏中行再终字第 0001 号行政判决书。
② 参见深圳市南山区人民法院〔2004〕深南法行初字第 22 号行政判决书。
③ 参见深圳市南山区人民法院〔2005〕深南法行初字第 20 号行政判决书。
④ 这些行政解释分别是《湖北省学位委员会关于授予学士学位办法（试行）》《广东省普通高等学校学士学位条例暂行实施办法》《吉林省加强和规范高等学校学士学位管理工作的若干意见》《山东省学士学位授予管理办法》《江苏省普通高校学士学位授予工作暂行管理办法》《福建省普通高等学校学士学位授予工作暂行办法》《河南省普通高等学校学士学位授予工作暂行办法》《宁夏回族自治区学士学位授予工作暂行规定》以及四川省学位委员会《关于加强我省普通高校学士学位授予工作的意见》、贵州省教育厅《关于改进普通高等学校本科应届毕业生授予学士学位工作的意见》。
⑤ 参见《广东省普通高等学校学士学位条例暂行实施办法》（粤高教科〔1991〕42 号）。
⑥ 参见《山东省学士学位授权与授予管理实施细则》（鲁教研发〔2021〕1 号）第 5 条规定。

此外，《国家教育考试违规处理办法》（教育部令第 18 号）① 第 11 条将国家教育考试中的作弊纳入不能获得学位的情形之一，教育部《关于制发学士学位证书的通知》（教位办〔1992〕1 号）第 3 条第 5 款规定"学士学位一般不予补授，学士学位证书一般也不予补发"。依据《中华人民共和国行政诉讼法》（以下简称《行政诉讼法》），规章在司法审查中仅仅具有"参照"的效力，其他规范性文件若不合法，更不能作为合法性审查的依据。因此，这些行政解释不具有绝对的法律效力，不能当然地作为司法审查的依据。

内容依据审查方式的理论基础是法律保留，将国家立法与校规两者视为上下位法的关系。指导案例 38 号与指导案例 39 号之间在合法性审查路径上的差异，实际上隐含着高校校规与国家立法之间关系的区别对待。校规既可能基于学术自治享有优先的效力，同时受到国家的框架性立法监督，也可能在非学术自治领域，基于对成员的基本权利保护，受到法律保留原则的约束。因此，简单地以校规是否具有国家立法的依据来进行合法性审查，不仅立足于错误的合法性逻辑，也将导致对校规进行的合法性审查陷入混乱状态。

将纲领性规范直接作为裁判的依据，忽视了纲领性规范的性质与适用前提。纲领性规范并未明示高校校规的内容标准和法院裁判适用的依据，很难直接适用于个案作为校规正当性的依据。不同于法律规则，纲领性规范不具备行为模式与法律后果的构成要素，偏向法律原则的属性，不能在具体个案中作为校规审查的直接依据。《教育法》《高等教育法》中的纲领性条款"是塑造法律状态的纲领，需要进一步规范后才能直接适用于具体的案件事实"，② 将纲领性规范作为校规审查的依据，应经过转化、论证与利益衡量（法律原则之间的利益衡量）。"需要将法律原则

---

① 参见《国家教育考试违规处理办法》（教育部令第 18 号）第 11 条规定。
② 汉斯·J. 沃尔夫等：《行政法》第 1 卷，高家伟译，商务印书馆，2002，第 257 页。

转变为法律规范，借助特定的典型事实将法律原则予以具体的规范化，并且据此将其确认为客观实在的有效法律。"① 纲领性规范不具有规则属性，若将之作为校规审查的直接依据，反而忽略了其适用的前提条件。即使作为国家法律规范的解释性指导规则，也需要经过论证与原则之间的利益衡量（如与学术自治原则的衡量）。

（三）立法原则依据

从国家立法层面去追溯校规的成文法依据具有较大的难度，立法原则或一些理念时而被用来证立校规内容的正当性。除了具体的法律规范条款外，国家立法的框架设定还包括了一些纲领性规范和未具有成文法形态的法律原则与精神。除了办学自主权这种概括性的权限依据，"符合社会公知的学术评价标准"、② "其内容并不违反上位法关于授予学士学位的原则性规定，且与建立社会诚信体制的要求相一致，故应认定为有效，可以作为认定被诉决定合法的参考依据"、③ "未超越法律、法规的原则性规定"④ 等亦可作为审查校规正当性的依据。这种论证方式主要针对将未通过英语四级考试、将作弊或受过纪律处分作为不授予学位情形的校规审查。即使校规的制定权限及其内容设定源于办学自主权，并不意味着校规就可以超脱于司法审查之外。相较于权限依据的考察，该种合法性审查主张更为理性，并非对高校自治一味地退让，而是为司法尊重设定了"不违背法律原则"的前提。⑤

---

① 汉斯·J. 沃尔夫等：《行政法》第 1 卷，高家伟译，商务印书馆，2002，第 257 页。
② 天津市高级人民法院〔2004〕津高行终字第 0044 号行政判决书，载最高人民法院中国应用法学研究所编《人民法院案例选·2008 年第 2 辑（总第 64 辑）》，人民法院出版社，2009，第 416 页。
③ 上海市第二中级人民法院〔2011〕沪二中行终字第 34 号行政判决书。
④ 上海市第二中级人民法院〔2011〕沪二中行终字第 34 号行政判决书。
⑤ 天津市高级人民法院〔2004〕津高行终字第 0044 号行政判决书，载最高人民法院中国应用法学研究所编《人民法院案例选·2008 年第 2 辑（总第 64 辑）》，人民法院出版社，2009，第 416 页。

对校规依据法律原则进行审查，需要区分法律原则的类型。拉伦茨教授将法律原则分为"法条形式的原则"与"开放式原则"，前者"已经凝聚成可以直接适用的规则，其不仅是法律理由，毋宁已经是法律本身"，后者"不具有规范特质"。① 因此，"法定的基本原则"与"法律、法规的原则性规定"不可相提并论，后者的范围较小。据此，法定的基本原则与非法定的基本原则可以区分开来，法定的基本原则的识别有两种方式：一是明确规定于宪法或其他法律中，二是"可由法定其意义脉络，借'整体类推'或回归法律理由的方式得之"。而非法定的基本原则的决定要素为与"法理念的意义关联"，通过法学或司法裁判发现或确认，基于内存的信服力得到贯彻。②

可见，司法实践对依据法律原则来审查校规合法性的方式并无清晰的认识，既未阐释如何识别法律原则，也时常逾越原则审查的界限。"社会公知的学术评价标准"、"社会诚信体制的要求"等无法在法定的框架下找到依据，使得合法性审查缺乏融贯性的标准。

二 高校校规自治的形式

高校校规自治在于实现学术自由与高校办学自主权，同时受到国家法的监督和约束，从而保护高校成员的权益以及公共利益不受侵犯。校规如何自治，就校规与国家法的具体关系而言，存在两个基本问题有待澄清：其一，在国家法未规定或未明确规定时，校规是否可以填补国家法的空白，发挥"拾遗补缺"功能；其二，校规在国家法已有规定的情况下，能否突破国家法的规定。前者表现为校规缺乏明确的国家法依据，后者表现为校规做出与国家法相抵触的规定。

---

① 卡尔·拉伦茨：《法学方法论》，陈爱娥译，商务印书馆，2003，第 353 页。
② 卡尔·拉伦茨：《法学方法论》，陈爱娥译，商务印书馆，2003，第 348 页。

（一）校规可以填补国家法空白

在学生管理、学生处分与学位颁发等方面，高校纷纷制定了风格迥异的规章制度。既然校规的制定在于实现学术自由，这种学术自由服务于各校的办学特色、办学方针、自身需求等具体情形，风格迥异的校规并存是必然的结果。国家法律法规缺乏明确依据时，校规能否填补"硬法"的空白？本章试图据此展开分析，对校规填补国家法空白的正当性予以阐明。

《学位条例》中规定，授予学士学位的前提包括思想政治条件和学术水平条件，第 2 条明确思想政治条件为"拥护中国共产党领导、拥护社会主义制度"，第 4、5、6 条分别规定了本科生、硕士生、博士生获得学位的学业成绩要求和学术水准。[①] 无疑，通过校规将遵守纪律情况、国家考试成绩、补修课程[②]、思想品德要件等增加为学位授予的条件，已属国家法所未明确规定的情形。在学位授予领域，校规在国家法未明确规定的情况下填补空白，大致分为三种情形。

其一，增设遵守纪律的规定。如天津科技大学曾制定的《关于授予本科毕业生学士学位的规定》第 2 条规定"违反校纪，受记过处分者"和"凡考试作弊者"不授予学士学位；[③]《华中农业大学学位授予工作实施细则》第 25 条规定"有以下情形者，不得授予硕士、博士学位……

---

① 2004 年修改的《学位条例》第 2 条规定："凡是拥护中国共产党的领导、拥护社会主义制度，具有一定学术水平的公民，都可以按照本条例的规定申请相应的学位。"第 4 条规定："高等学校本科毕业生，成绩优良，达到下述学术水平者，授予学士学位：（一）较好地掌握本门学科的基础理论、专门知识和基本技能；（二）具有从事科学研究工作或担负专门技术工作的初步能力。"该法还分别对硕士学位和博士学位的要求做出了规定。

② 参见重庆市第一中级人民法院〔2008〕渝一中法行终字第 225 号行政判决书。法院在本案中认为，《重庆师范大学学士学位授予条例》在法律之外，增加"专升本"学生入学后补修课程方面的要求，与《教育法》、《学位条例》的相关规定并不抵触，合法有效。

③ 参见天津市高级人民法院〔2005〕津高行终字第 0002 号行政判决书。最新的《天津科技大学学位授予工作细则》（津科大发〔2020〕48 号）第 4 条已修改为"虽受过纪律处分但已解除"的情形可授予学士学位。

4、考试舞弊作伪者、课题研究弄虚作假者。"[1]

其二，设定通过特定考试成绩要件。如《西南财经大学学位授予暂行实施办法》曾将未能通过全国四六级考试者（区分非涉外专业与涉外专业）纳入不能获得学位的情形；《深圳大学授予学士学位工作条例》（1996年4月修订）曾在第9条第4项中规定"在校学习期间，按教学计划要求，有3门以上（含3门）的必修课（包括限选课）经过重修后才合格者不得授予学士学位"。[2]

其三，规定了思想品德要件。如《河北大学学位条例实施细则》（自2002年至今生效）将"政治上有明显的反对'四项基本原则'和党的方针、路线的言论和行动，经教育仍坚持不改者"以及"思想品德恶劣；道德败坏；有严重违法乱纪行为者"视为不符合授予学位的情形。[3]

司法实践对校规审查的立场不尽一致。

一种观点从校规与国家法相抵触的角度出发，认定校规无效。如法院在"张福华诉莆田学院颁发学位证书纠纷案"中认为，被告所制订的《莆田学院学士学位授予工作细则（试行）》中第3条"在校学习期间，违反学校有关管理规定，曾受过校行政记过（含记过）以上处分者或按结业处理者，不授予学士学位"的规定，与《学位条例》第4条之规定相抵触，应认定无效。[4] 与此类似的是，针对校规中"受到行政记过

---

① 由此引发的诉讼参见"武华玉诉华中农业大学教育行政行为纠纷案"（以下简称"武华玉案"）判决，最高人民法院行政审判庭编《中国行政审判指导案例》第1卷，中国法制出版社，2010，第43页。《华中农业大学学位授予工作实施细则》（校发〔2017〕135号）第26条规定"因考试作弊受到处分"，不得授予硕士、博士学位。

② 参见深圳市南山区人民法院〔2005〕深南法行初字第20号行政判决书。2020年起实施的《西南财经大学学位授予工作细则》第11条则将大学外语综合成绩达到60分作为学位标准，其中大学外语综合成绩的计算涵盖按教学计划规定的大学外语课程平均成绩与大学四级（或六级）成绩，因而评价更为合理。此外，2021年起实施的《深圳大学学位授予工作细则（修订）》第6条有关不得授予学士学位的规定不再包括重修科目数量的要求。

③ 参见《河北大学学位条例实施细则》第5、13条，河北大学官网，http://yjsy.hbu.edu.cn/index.php?m=content&c=index&a=show&catid=80&id=329，最后访问时间：2021年12月3日。

④ 参见莆田市城厢区人民法院〔2010〕城行初字第22号行政判决书。

（含记过）以上处分，及考试舞弊者不授予学士学位"的规定，法院也较为罕见地在"樊兴华诉郑州航空工业管理学院案"判决中宣布其与《学位条例》、《学位条例暂行实施办法》相抵触而无效。①

另一种观点则从大学自治权出发，承认校规的法律约束力。针对学位与英语四六级成绩挂钩，重庆市沙坪坝区法院认为："被告的这一规定，是被告基于执行国家教育教学标准，保证教育教学质量的具体要求，在其办学自主权范围内自行制定的；被告可以对执行这一规定产生的实际效果进行评判并根据办学实际情况自主予以修订、变更，原告作为被告的在籍学生，应当遵守其修业年限内学校做出的有效规定。"② 换言之，学校以培养人才为目的，学校有权对自己所培养的学生质量做出规定和要求。③ 深圳市南山区法院在个案中持同一观点，即学校学生是否符合"较好地掌握本门学科基础理论、专门知识和基本技能，并具有从事科学研究工作或担负专门技术工作的初步能力"的标准，应由学校掌握。④ 针对纪律处分与学位挂钩的情形，亦有法院认可了高校校规的法律效力，理由在于，《学位条例》中政治条件的含义丰富，涵盖了对授予学位人员的遵纪守法、道德品行的要求。⑤ "在校期间被学校认定有考试作弊行为"的，不授予学士学位并不违反《学位条例》的原则性

---

① 参见郑州市二七区人民法院〔2003〕二七行初字第 67 号行政判决书。
② 参见重庆市沙坪坝区人民法院〔2004〕沙行初字第 32 号行政判决书。类似的案件裁判还有武汉市中级人民法院〔2009〕武行终字第 28 号行政判决书，其判决认为，被上诉人武汉科技大学根据《学位条例暂行实施办法》第 25 条的授权，结合本校实际制定施行的《普通本科学士学位授予实施细则》，是具有普遍约束力的规定，其中，对不授予学士学位的条件做出的具体规定，与相关法律法规的规定并不冲突。另外还有武汉市中级人民法院〔2006〕武行终字第 60 号行政判决书主张，被上诉人作为学位的授予单位，根据《学位条例》、《学位条例暂行实施办法》和《湖北省学位委员会关于授予学士学位办法》等的规定，为保证学位授予的质量，结合本校实际制定了《学士学位授予暂行实施办法》，对不授予学士学位的条件做出了具体的规定，与相关法律法规的立法精神并不冲突。
③ 武汉市中级人民法院〔2006〕武行终字第 130 号行政判决书。
④ 深圳市南山区人民法院〔2005〕深南法行初字第 20 号行政判决书。
⑤ 参见武汉市中级人民法院〔2010〕武行终字第 184 号行政判决书；天津市高级人民法院〔2005〕津高行终字第 0002 号行政判决书。

规定。①

两种观点的根本分歧在于校规是否具有填补国家法空白的功能。前者体现了司法的能动性，侧重维护学生的合法权益，却构建了国家法与校规"上下位法"关系的错误逻辑，后者却显得司法保守，但以办学自主权作为逻辑出发点又具有一定的合理性，只是对校规自主内涵的认识不够彻底。

笔者认为，首先，校规填补国家法空白具有正当性。反对者视国家法与校规为"上下位法"关系，以上位法是否做出明确规定为出发点，考察校规是否与上位法相抵触。② 甚至有学者针对校规的"泛滥"，呼吁完善我国的教育法律法规是解决问题的根本办法。③ 这种观点显然站不住脚，因为国家法无法囊括所有校规自治范围的事项。《学位条例》第4条与《学位条例暂行实施办法》第3条第2款的核心是学术水平要件（完成教学计划要求、成绩优良），其含义的不确定并非立法的瑕疵，而是立法留下的校规自治空间。

《学位条例暂行实施办法》第25条"学位授予单位可根据本暂行实施办法，制定本单位授予学位的工作细则"的规定是校规自治权的确认体现，而非高校自治权的本源。正如司法实践普遍承认一般，校规填补空白源于"国家无统一的学位授予标准"，乃"学校在行使教学管理方面的自主权，是学校在落实教学计划及提高学术水平方面的具体表现"。④ 校规的正当性来源于宪法规定的学术自由与法律确认的高校办学自主权，其治理空间不能适用行政法上的"法无明文规定不可为"思

---

① 柳州市中级人民法院〔2010〕柳市行终字第3号行政判决书。

② 类似的观念曾在我国台湾地区台北高等行政法院一个涉及学校对学生处分的案件判决中体现。"各大学以校规规定学生有二分之一或者三分之一学分不及格将予以退学的规定，违反了法律保留原则，违反了宪法保障人民有受教育的基本权利，因此该校规无效，被退学的大学生应恢复其学籍。"参见董保城《德国教育行政"法律保留"之探讨》，载董保城《教育法与学术自由》，台北月旦出版社股份有限公司，1997，第217～247页。

③ 周光礼：《高校内部规则的法理学审视》，《现代大学教育》2005年第4期。

④ 广州市中级人民法院〔2006〕穗中法行终字第323号行政判决书。

维。法律保留原则为高校办学自主提供基本的法律框架，同时为高校校规的治理设定法律约束，但不等于针对高校治理的任何事项予以事无巨细的规定。

其次，校规填补国家法具有界限。按照个别案件的司法逻辑，"既然《中华人民共和国学位条例》规定了授予学士学位的条件，那么必然存在不授予学士学位的客观情况"。① 只是，对这种国家法框架外的情形不能赋予过度宽泛的解释，否则会构成对校规自治的实质性的突破并侵害学术自由的本质。为体现高校的办学特色和目标，在国家法未明确规定的情况下，高校可基于学术自治在招生、人才培养、科学研究、学生管理等方面自行制定规则。显然，很难将受记过处分与知识的研究、学习与传播联系起来，并以维护学术自由与学术环境为名，将受记过处分作为不授予学位的前提。针对将纪律处分作为不授予学位条件的情形，有法院从《学位条例》第 2 条 "申请学位的公民要拥护中国共产党领导、拥护社会主义制度" 推导出 "其本身涵盖了对授予学位人员的遵纪守法、道德品行的要求"②，有国务院学位委员会 2003 年所做的《关于对〈中华人民共和国学位条例〉等有关法规、规定解释的复函》（学位〔2003〕65 号）为依据。该批复在之后的诸多判决中被法院奉为 "金科玉律"，从未遭到质疑，尤为不可思议。国务院学位委员会并非相应法规的制定主体，其做出的解释自非有权解释，更不属司法解释。而且，过于宽泛地对校规制定权的规范依据进行解读，无形之中会限缩校规的自主空间，亦可能产生侵害学术自由和成员基本权利的双重危险。

（二）校规不得突破国家法规定

实践中，一些校规对国家法的相关规定做出了突破。所谓突破，是

---

① 天津市高级人民法院〔2005〕津高行终字第 0002 号行政判决书。
② 上海市长宁区人民法院〔2009〕长行初字第 24 号行政判决书。在 "周稷栋状告浙江大学拒授学士学位案" 中，国务院学位委员会根据浙江大学就 "学位条例等相关法规中是否涵盖了对授予学位人员思想道德品行方面的要求" 的请示，做出了《关于对〈中华人民共和国学位条例〉等有关法规、规定解释的复函》（学位〔2003〕65 号）。

指在国家法已有规定的情况下，校规做出了与国家法相冲突的规定，主要表现为校规对国家法设定的裁量权做出限缩。最典型的莫过于纪律处分方面，校规做出与国家法相抵触的规定，由此引发的教育行政诉讼众多，司法审查立场亦不一致。

1994 年北京科技大学在其《关于严格考试管理的紧急通知》中规定"凡考试作弊者，一律按退学处理"，《南昌大学学生考试违规处理办法》规定"代考的一律开除学籍"，由此引发了众所周知的"田永案"和"颜帅案"。《普通高等学校学生管理规定》第 52 条规定考试舞弊行为严重的才可以开除学籍，此类法规显然限缩了国家法规定的裁量权。在两个案件判决中，司法机关的态度截然相反。

在具有开创性的"田永案"判决中，北京市海淀区人民法院在承认高校自主权的基础上，认为校规不能违反国家法律、法规和规章的规定。"北京科技大学可以根据本校的规定对田永违反考场纪律的行为进行处理，但是这种处理应当符合法律、法规、规章规定的精神，至少不得重于法律、法规、规章的规定。"① 依此，北京科技大学的"068 号通知"，不仅扩大了认定"考试作弊"的范围，而且对"考试作弊"的处理措施明显重于当时《普通高等学校学生管理规定》第 12 条的规定（考试作弊的，应予以纪律处分），也与第 29 条规定的退学条件相抵触（第 29 条规定应予退学的 10 种情形中，无不遵守考场纪律或者考试作弊应予退学的规定），应属无效。郑州市二七区人民法院亦在判决中认为，学校制定的校规不符合 1990 年起实施的《普通高等学校学生管理规定》，学校处分过重。② 之所以"处分"过重，是因为校规对此规定中"对犯有错误的学生，学校可视其情节轻重给以批评教育或纪律处分"的处罚类型进行了限缩。

---

① 北京市第一中级人民法院〔1999〕一中行终字第 73 号行政判决书。

② 参见吕诺《开除考试作弊学生，这回有"法"可依》，新华网，http://news.xinhuanet.com/mrdx/2005-03/30/content_2762396.htm，最后访问时间：2015 年 7 月 31 日。

时隔 10 年后，案情几近相似，法院在 2009 年"颜帅案"判决中，依据《教育法》中有关高校自主管理的条款，认为南昌大学"在对受教育者实施管理中，有相应的教育自主权，其根据国家有关法律法规制定的校纪、校规对受教育者具有约束力"。① 当时《普通高等学校学生管理规定》第 54 条规定考试舞弊行为严重的才可以开除学籍，而《南昌大学学生考试违规处理办法》规定代考的一律开除学籍。更有甚者，在"王圣钦诉南京师范大学案"② 中，校方以当事人前女朋友在校园内自杀为由开除当事人，直接依据是《南京师范大学本科学生管理规定（试行）》第 95 条之规定。③ 校规对当时《普通高等学校学生管理规定》第 54 条第 6 款所适用的裁量处分"可以给予开除学籍处分"予以了限缩，司法认定"符合教育部颁布的《普通高等学校学生管理规定》第 54 条的规定"。

　　两个判决都承认高校自主权，最后的结论却大相径庭。支撑"田永案"判决的理由是"国家的授权"、"符合国家法律、法规和规章的规定"和当事人的合法权益保护。"颜帅案"判决中的关键词则是"教育自主权"、"根据国家有关法律法规制定的校纪、校规"和"约束力"。"田永案"展示的是"国家授权—校规不可抵触"的逻辑，抵触即违法。类似的学理观点也从权利逻辑和法律保留出发，主张"高校软法必须遵从硬法之规定，不得与之产生冲突"，以及"高校软法在限制'共同体'成员基本权利方面，不得严于硬法之规定"，④ "学校制定比法律规定更

---

① 南昌市中级人民法院〔2009〕洪行终字第 31 号行政判决书。
② 南京市鼓楼区人民法院〔2007〕鼓行初字第 108 号行政判决书。
③ 2005 年 9 月 1 日实施的《南京师范大学本科学生管理规定（试行）》第 95 条规定："违反学校管理规定，影响学校教育教学秩序、生活秩序以及公共场所管理秩序，侵害其他个人、组织合法权益，尚未构成犯罪的，视情节和后果给予以下处分：（一）违反学校规定，严重影响学校教育教学秩序、生活秩序以及公共场所管理秩序，侵害其他个人、组织合法权益，造成严重后果的，给予开除学籍处分……"参见南京师范大学官网，http：//xxgk. njnu. edu. cn/info/1008/1915. htm，最后访问时间：2021 年 12 月 3 日。
④ 常秀鹏：《论高等学校法治视野拓展——以高教软法与硬法的融合为视角》，《中国青年政治学院学报》2009 年第 2 期。

严格的标准应当在法律规定的'度'的范围内，对其超出或提高的程度应有法律上的限制"①。"颜帅案"体现的是"教育自主权—校规可以突破"的思维，试图以教育自主权为核心，力图维护校规的合法性，却忽视了校规自治（突破）的界限。

上述两则裁判的立场分歧，提醒我们应当对校规突破国家法表示警惕，特别是以"教育自主权"、"按照章程自主管理的权利"等名义逃逸国家法的约束。"颜帅案"与"田永案"的案情类似，但在论证理由与裁判结论上截然不同。就开除学籍处分而言，"颜帅案"适用的《普通高等学校学生管理规定》（教育部第21号令）第54条针对"替他人参加考试"，规定的是"学校可以给予开除学籍处分"，结合该法第52条，"可以"意味着高校应当根据个案进行裁量，使得对学生的纪律处分"与学生违法、违规、违纪行为的性质和过错的严重程度相适应"。而高校校规则细化为替他人参加考试一律开除学籍，若将该规定纳入高校教育自主权的范围并承认其合法性，不无商榷余地。

首先，高校校规不得违反国家法。依照《中华人民共和国立法法》（以下简称《立法法》），高校校规不属于正式的法律渊源。而且《行政诉讼法》对不同位阶的法律渊源确定了不同的法律效力，作为行政案件审理依据的范围包括"法律和行政法规、地方性法规"，规章仅予以参照适用。行政机关制定的其他规范性文件则不属于正式的法律渊源，依照最高人民法院《关于审理行政案件适用法律规范问题的座谈会纪要》（法〔2004〕96号），只有经法院审查"合法、有效并合理、适当的"，其效力在个案裁判中才被承认。高校校规同样不属于正式的法律渊源，自然不得与国家法相冲突。

其次，高校校规与国家法的关系不宜简单地用下位法与上位法的关

---

① 王成栋、刘雪梅：《特别权力关系理论与中国行政法》，载罗豪才主编《行政法论丛》第6卷，法律出版社，2003，第37页。

系予以界定。最高人民法院在"甘露案"的再审裁判中指出："人民法院在审理此类案件时，应依据法律法规、参照规章，并可参考高等学校不违反上位法且已经正式公布的校纪校规"，① 似乎将高校校规视为下位法，值得进一步讨论。上位法与下位法的概念应当局限于法律体系内部，高校校规不属于法律规范，不宜将其归入下位法的范畴。而且，对高校校规的合法性审查不能照搬下位法不符合上位法的判断标准，后者在最高人民法院《关于审理行政案件适用法律规范问题的座谈会纪要》（法〔2004〕96 号）中有明确列举，包括"下位法增设或者限缩违反上位法规定的适用条件"、"下位法限制或者剥夺上位法规定的权利，或者违反上位法立法目的扩大上位法规定的权利范围"等。高校校规对国家法规定的适用条件做出限缩，也未必构成违法。对此，指导案例 39 号已有较为明确的立场，即便《学位条例》与《学位条例暂行实施办法》对成绩要求与学术水平的规定较为概括与原则，高校校规将外语成绩要求限缩为全国大学英语四级考试成绩，在国家法的基础上对学生获得学位的权利予以更多限制，也被法院认定不违反国家法，可见其未将高校校规简单地视为下位法进行对待。

再次，高校校规不得以高校自主为由突破国家法的规定。《高等教育法》第 11 条规定高等学校应当"依法自主办学"，意味着高校自主不得逃逸出国家法的框架。针对开除学籍等对学生权利产生重大影响的纪律处分，《普通高等学校学生管理规定》第 52 条做出规定并对相应情形予以明确列举，高校校规可在此基础上进行细化。国家法在此类事项上赋予高校自主的空间，只是授权高校根据具体情况进行裁量，如纪律处分应当"坚持教育与惩戒相结合，与学生违法、违纪行为的性质和过错的严重程度相适应"。如果高校校规将"可以给予开除学籍处分"限缩为"应当给予开除学籍处分"，无异于抹杀了国家法课以高校在纪律处

---

① 最高人民法院〔2011〕行提字第 12 号行政判决书。

分上的裁量义务，法院便不能以教育自主权为由承认其具有合法性与适用效力。

最后，高校校规的自主程度与法律约束应当根据调整事项进行类型化。根据《教育法》第 29 条，高校享有"组织实施教育教学活动"、"对受教育者颁发相应的学业证书"、"对受教育者进行学籍管理，实施奖励或者处分"等权利，界定为权利意味着高校在这些事项上享有一定的自主空间，且国家保护这些自主空间不受侵犯，这可从该条第 2 款"国家保护学校及其他教育机构的合法权益不受侵犯"的表述可见一斑。

在国家法层面，高校在不同事项上享有自主空间的程度存在差别。如退学与纪律处分在《普通高等学校学生管理规定》中分别置于"学籍管理"与"奖励处分"部分，前者包含了国家法对高校校规较为抽象的授权，如"学业成绩未达到学校要求或者在学校规定的学习年限内未完成学业的"，后者则通过国家法对高校处理予以更具体的条件限制，并要求符合"处分适当"要求。亦因此，高校校规在涉及学术自治的事项上享有更大自主空间，受到的是合法性审查，限缩国家法规定的适用条件未必构成违法。最高人民法院指导案例 39 号已明确司法审查"不能干涉和影响高等学校的学术自治原则"，且"应当以合法性审查为基本原则"。而高校校规在不涉及学术自治的事项上，享有的是国家法赋予的裁量空间，不仅不能抵触国家法，还需受到法律保留与合理性原则的约束，限缩国家法规定的适用条件就会构成违法。至于判断高校校规是否涉及学术自治以及享有的自主程度如何，则须结合具体的调整事项展开，后文将予以进一步分析。

第三章

高校校规自治中的正当程序

　　大学治理是法治社会建设的组成部分，而正当程序是大学治理及其监督的重要机制之一。首开先河适用正当程序解决高校行政争议的当属"田永案"，其至今在教育行政案件中仍备受瞩目。尽管《行政诉讼法》从未明确正当程序的适用，司法实践对此却十分重视。[①] 为避免司法对大学治理的过度干预，法院往往愿意借助正当程序原则来对高校的处理决定进行合法性审查，且多集中于是否告知与送达、是否听取行政相对人的陈述与申辩等事项，其积极意义不容小觑。从正当程序的适用基础来看，是否对学生的权益产生重要影响蕴含在裁判的说理中，该正当程序观忽视了高校行政案件背后国家监督与大学自治的二元关系，只是简单地将国家行政的程序机制进行移植。这种不足在"于艳茹案"等案件出现后更显捉襟见肘。在理论研究上，将大学治理类比一般行政管理适用正当程序的观点仍不少见，正当程序在大学治理中的特殊性尚未得到充分关照。[②] 正当程序在大学治理中不仅具有成员权益保护的积极功能，还具有促进学术自治与维护国家监督的重要使命。

---

① 参见周佑勇《司法判决对正当程序原则的发展》，《中国法学》2019 年第 3 期；蒋红珍《正当程序原则司法适用的正当性：回归规范立场》，《中国法学》2019 年第 3 期；何海波《司法判决中的正当程序原则》，《法学研究》2009 年第 1 期。

② 典型的观点参见周湖勇《大学治理中的程序正义》，《高等教育研究》2015 年第 1 期。

一 正当程序在高校行政案件中适用的方法困境

广义上而言，"正当程序"一词不局限于法定程序，后者仅指法律规范确认的行政程序。狭义上的正当程序概念则意图弥补法定程序的局限，在法定程序存在空白或模糊的情形下通过学理或司法对之进行扩充。尽管正当程序在大学治理中未得到完全承认，有法院在个案中以"关于学士学位授予与否的送达问题，因法律规范没有规定必须送达的法定程序"为由拒绝适用正当程序，① 或可归咎于《行政诉讼法》仅将"违反法定程序"作为司法审查的标准，但正当程序的适用已成为行政诉讼实践中的普遍共识，② 个别教育立法，如 2017 年修订的《普通高等学校学生管理规定》第 54 条，已将程序正当确立为约束学生纪律处分的重要原则。③

除了国家立法确认的程序外，高校颁布的校规往往也会涉及程序问题。校规并不具有如国家立法般的法律效力，其所确立的程序规则不能当然地被归入法定程序，由此引发何为正当程序的追问。因国家立法对程序的规定缺位，大学的程序规则具有何种法律效力？如果国家立法与大学校规都缺乏相关程序规定，又该如何探寻正当程序？司法实践中，首先探寻法律规范中的程序规则，继而在法定程序缺位的情形下进行类推适用、承认高校校规的效力，甚至进行超越法律规范的法律续造，成为正当程序适用的重要方法。

（一） 法律规范内的解释

如果在法律规范所能涵盖的范围内进行解释，应当属于法定程序的适用，最高人民法院指导案例 6 号对《中华人民共和国行政处罚法》

---

① 参见天津市高级人民法院〔2005〕津高行终字第 0002 号行政判决书。
② 代表性的裁判参见江苏省高级人民法院〔2004〕苏行终字第 110 号行政判决书。
③ 参见《普通高等学校学生管理规定》第 54 条。

（以下简称《行政处罚法》）第 42 条听证程序适用的情形的"等"字的含义做出阐释，将"没收较大数额财产"纳入其中，即是典型范例。通过文义解释、体系解释、历史解释、目的解释、合宪性解释等方法阐明法律规范蕴含的程序要求，而不是超出法律规范进行法律续造，是正当法律程序适用的首要选择。如 2005 年修订的《普通高等学校学生管理规定》明确了开除学籍应当由校长会议决定，但高校在此之外还被法院课以"对参会者发言予以详细的记录"的程序义务。"被告提交的校长办公会记录，常常流于形式，太过简单，开除学籍是对学生违规违纪行为最严重的一种处分，校长办公会应当郑重研究，并对参会者的发言予以较为详细的记录。"[①] 该裁判通过目的解释的方法对何为"校长会议研究决定"的程序进行了解构，只是"对参会者发言予以详细记录"背后的正当程序法理缺乏更深入的阐释，一定程度上反映了我国司法对此还缺乏系统的逻辑与框架支撑。

（二）立法的类推适用

法定程序的类推适用在教育领域以外的其他行政案件中出现过，在"邱正吉等不服厦门市规划局规划行政许可案"中，法院实质上将此案中"规划许可变更"所产生的权利影响类比于"规划许可实施"所产生的利益关系，从而得出规划许可调整没有举行听证程序导致"违反法定程序"的裁判结果。[②]

面对高校行政程序的缺位，类推适用《行政处罚法》成为正当程序适用的可选路径。如针对取消学籍应当适用何种程序的争议，法院主张："取消学籍不属于教育类行政处罚，但取消学籍对徐某某的学习、生活具有重大影响，上诉人作为对学生具有教育管理权限的部属高校，在做

---

① 眉山市东坡区人民法院〔2016〕川 1402 行初字第 90 号行政判决书。
② 参见蒋红珍《正当程序原则司法适用的正当性：回归规范立场》，《中国法学》2019 年第 3 期。

出具体行政行为时，应当遵循正当程序原则。"①

（三） 承认高校校规的效力

基于大学自治，高校有权在国家立法缺位的情形下制定程序规则，或者在国家立法的基础上制定更为严格的程序规则。高校程序规则的法律效力在一些个案中遭到直接否定，即便其设定了法律规范外有利于高校成员权益保护的额外程序，因其为内部规定而被拒绝纳入行政诉讼"应当依据或参照的法律范围"。② 也有法院未从根本上排除高校程序规定的适用，而是将其合法性作为适用的前提，若高校的程序规则与国家立法相抵触，则不具有法律效力。如某大学的《研究生学术不端行为处理办法》规定"学位评定委员会"为研究生学术不端行为的评决机构，被法院认定违反《高等学校预防与处理学术不端行为办法》（以下简称《行为办法》）第16条"学术不端行为举报受理后，应当交由学校学术委员会按照相关程序组织开展调查"的规定，其适用效力随之被否定。③

高校的程序规则在不违反国家立法的前提下具有法律效力。如有大学在《普通高等学校学生管理规定》（2005年修订）第56条"学校在对学生做出处分决定之前，应当听取学生或者其代理人的陈述和申辩"的基础上通过校规自我设定"应当告知学生有要求听证"的义务，法院承认其具有"法"的效力，其理由有二：一则不违背国家立法的本意；二则大学自我设定较上位法更为严格的程序性规范，有利于充分保障受教育者的合法权益。④ 有的法院直接将高校校规视为"法"的范畴，违反校规的程序规定即属于"违反法定程序"，⑤ 这种观点值得商榷。高校

---

① 武汉市中级人民法院〔2013〕鄂武汉中行终字第59号行政判决书。
② 天津市河西区人民法院〔2016〕津0103行初字第126号行政判决书。
③ 青岛市崂山区人民法院〔2017〕鲁0212行初字第91号行政判决书。
④ 参见上海市杨浦区人民法院〔2015〕杨行初字第83号行政判决书。
⑤ 参见天津市宝坻区人民法院〔2017〕津0115行初字第7号行政判决书。

的程序规则固然能减轻法院适用正当程序的负担，仍然需要接受合法性审查与是否符合正当程序原则的双重检验。

（四）超越法律规范的法律续造

在国家立法与大学校规都未明确相关程序的情形下，法院在司法实践中也会基于正当程序原则的要求直接创设一些程序规则，如大学的学位评定委员会在做出撤销学位决定时出现"没有如实、完整记录讨论和表决情况，会议记录不能反映会议实际情况，决策过程亦不符合程序要求"的情况，被认定为违反"程序正当基本行政法治原则"①。这种正当程序的适用未援引任何具体法律规范，已经脱离规范从事法律续造。

超越法律规范的法律续造作为正当程序适用的一种途径，在司法实践中的运用极为谨慎，这是因为何谓"正当"的问题具有"不确定性"，可能导致行政主体"对行政程序的合理性无法做出周延、完整的预见"。②或许正是基于这种忧虑，实践中一般只是强调高校对学生做出不利决定前应当履行听取其陈述与申辩、在做出决定后履行送达与告知救济权的义务，这在一些立法如学位授予程序不完善的情形下对相对人的权益保护具有积极的意义。③

上述四种正当程序适用的路径，体现了从法律规范到法律原则的逐步过渡，展示的仅是法律方法的适用，既未明确方法选择的具体理由，也未挖掘正当程序适用的基础。为何要适用正当程序的追问犹在，方法困境的背后凸显了澄清正当程序在高校行政案件中适用逻辑的深层次需求。

---

① 广州铁路运输中级法院〔2017〕粤71行终字第2130号行政判决书。

② 陈洁、刘正方、朱洁：《学校对考试作弊的学生可依校规不授予学位》，《人民司法·案例》2007年第12期。

③ 参见北京市海淀区人民法院〔1999〕海行初字第103号行政判决书。

二 正当程序在高校行政案件中适用的逻辑困境

正当程序适用的司法逻辑鲜被关注，在一般的行政案件中，正当程序适用的考量往往着眼于行政相对人的陈述与申辩权、获得告知与送达的权利是否得到保护。这同样体现在高校行政案件中，权利保护的逻辑展现得淋漓尽致。由此需要反思的是，高校行政的正当程序适用是否缺乏足够的特殊性？正当程序在高校行政案件中适用的逻辑是什么？现有的司法实践还未达成共识。

（一）最低限度的程序性权利

现行司法实践在高校行政案件中往往将正当程序局限于"最低程序性权利"，① 比较有代表性的观点主张 "即使法律中没有明确的程序规定，行政机关也不能认为自己不受程序限制，甚至连最基本的正当程序原则都可以不遵守"②。在高校行政案件中，以下情形被视为违反正当程序：其一，做出决定前未听取相对人的陈述与申辩；其二，未将处理决定送达相对人，或未对做出的决定说明理由。③

正当程序源于英国的自然正义原则，上述司法主张仅仅满足了自然正义的基本要求。如果只是强调最低限度的程序，则容易抹杀正当程序的多样性，限缩相对人的权益保障。而且，最低程序性权利在一些国家立法中已有体现，如《普通高等学校学生管理规定》（教育部令第21号）于2005年修改通过第55条明确"程序正当"，并在第56~59条中规定"听取学生或者其代理人的陈述和申辩"、"由校长会议研究决定"、

---

① 广州铁路运输法院〔2016〕粤7101行初字第2515号行政判决书。
② 北京市第一中级人民法院〔2017〕京01行终字第277号行政判决书。
③ 参见广州铁路运输法院〔2016〕粤7101行初字第2515号行政判决书、西安铁路运输中级法院（2017）陕71行终字第580号行政判决书、张家港市人民法院〔2017〕苏0582行初字第56号行政判决书。

"出具处分决定书，送交本人"、"处分决定书应当包括处分和处分事实、理由及依据，并告知学生可以提出申诉及申诉的期限"，明确了高校做出处分或者其他不利决定应当遵循的程序，2017 年《普通高等学校学生管理规定》（教育部令第 41 号）修改通过第 55～56 条进一步细化了送达程序并设置了决定做出前的合法性审查程序，因而之后的司法实践不宜再将之视为正当程序的适用问题。

（二）依据对权利的影响程度

最低限度的程序性权利可能损害正当程序适用的灵活性，且无法解释开除学籍之类的处分应当适用听证程序、校长办公会及学位评定委员会应当提供会议记录等问题。另一种适用正当程序的逻辑基础在于对权利的影响程度，这在"田永案"的裁判中首先被提出："退学处理决定涉及原告的受教育权利，为充分保障当事人权益，从正当程序原则出发，被告应将此决定向当事人送达、宣布，允许当事人提出申辩意见。"[1] 这种主张将正当程序的适用立基于高校处理决定对相对人权利的重要影响，退学意味着学生身份关系的改变，对受教育权产生重大影响，因而正当程序有助于充分保障相对人的权益。

这在近 20 年后的"于艳茹案"的一审判决中再次得到印证。法院以"撤销博士学位涉及相对人重大切身利益……对相对人合法权益产生极其重大的影响"为由主张应当在《学位条例》及相关法律法规外适用正当程序。[2] 类似的主张还包括"对于严重影响学生权利义务的学士学位授予行为"，高校"应当严格按照程序履行其法定职责"。[3]

依据对权利的影响程度来决定正当程序的适用，固然意识到了程序对权利保护的意义，但"重要影响"缺乏确定的内涵，且未能清晰地阐释何种程序方为正当，这使得正当程序在大学治理中的适用仍然缺乏融

---

① 北京市第一中级人民法院〔1999〕一中行终字第 73 号行政判决书。
② 北京市海淀区人民法院〔2015〕海行初字第 1064 号行政判决书。
③ 西安铁路运输中级法院〔2017〕陕 71 行终字第 580 号行政判决书。

贯性的框架。迄今为止，以对权利的影响程度为由还只是主张最低程序权利的适用，对正当程序的理解较为狭隘与单一。一方面，法院并不能合理解释如何由保障当事人的权益推导出正当程序的适用；另一方面，法院也只是将正当程序原则的适用局限于说理环节而不能直接作为判决的依据。[①]

（三）深入决定过程中的内部程序

尽管一些学者主张，相对人的参与程序以外的内部程序不属于正当程序适用的范畴，[②] 正当程序在高校行政案件中出现了扩张适用的尝试，不再拘泥于是否告知、听取陈述与申辩、送达与说明理由，而是延伸到了高校决定的内部过程。

这在"刘燕文诉北京大学案"（以下简称"刘燕文案"）中初见端倪。原告代理人指出"本案争辩的问题不仅是学校做出的决定内容，更是决定的过程"，进而对校学术委员会决定的程序与正当性提出质疑。[③] 尽管法院以"该决定未经校学位委员会全体成员过半数通过，违反了《学位条例》第 10 条第 2 款的规定的法定程序"为由进行有限的回应，却蕴含了学位评定投票不得弃权的程序创制，凸显了高校内部程序审查的实际需求。

近年来，有个别裁判甚至透过正当程序来审查高校决定的内部过程，具体包括：其一，对会议的记录要求。在有关撤销博士学位的案件中，法院认为高校的报告"没有如实、完整记录讨论和表决情况，会议记录不能反映会议实际情况，决策过程亦不符合程序要求。"[④] 其二，参加会议的签名要求。有法院主张有关讨论学位授予和表决投票的记录意见，"除主席、记录人、监票人、计票人等签名，其他参会成员均未签名，

---

① 周佑勇：《司法判决对正当程序原则的发展》，《中国法学》2019 年第 3 期。
② 参见唐世龙、彭志忠《论高校学生管理的法治化和程序化》，《求索》2005 年第 4 期。
③ 参见北京市海淀区人民法院〔1999〕海行初字第 103 号行政判决书。
④ 广州铁路运输中级法院〔2017〕粤 71 行终字第 2130 号行政判决书。

该几份证据不能作为定案依据予以使用，被告决定不授予原告学士学位决定程序不符合法律规定。"① 对此，既无法律也无校规予以明确，法院已展开正当程序的适用。其三，对程序的专业要求。针对学术不端行为的认定，在立法与高校校规均未明确专家小组组成的情形下，法院主张专家通常应"具备相关研究领域较高的学术水准"②。遗憾的是，以上零星的过程性审查未具体地说明正当程序适用的基础，其司法论证极为薄弱。

可见在司法实践中，正当程序的运用不仅强调行政相对人的参与，还有深入高校决定的内部过程的倾向。由于触及高校的内部治理，法院对正当程序的适用显得极为谨慎，内部过程的审查未得到较为广泛的认同。而且在缺乏国家立法与高校校规双重依据的情形下，何种内部程序方为正当，司法审查鲜有涉足，也缺乏系统性的具体论证。

三 反思高校行政案件中正当程序适用的基础

最低限度的程序性权利、依据对权利的影响程度并非正当程序适用的全部考量因素，后者须对高校治理的特殊属性给予足够关照。与行政机关不同的是，高校权力的行使既是对国家立法的贯彻，又拥有办学的自主空间。从最低限度的程序性权利来看，告知、听取意见以及说明理由侧重通过个人的参与减少行政决定的恣意，但并非程序正当证成的单一基础。除了纪律处分，高校处理决定可能涉及学术性事项，如授予学位、学术性退学，不仅包括客观事实的澄清，还蕴含了主观价值判断。对于学术性判断的事项，行政相对人的参与可能无助于增强行政决定的正当性。这意味着，高校治理中程序的正当性应当进行类型化，在参与型程序之外还须对以学术自治为基础的民主型程序与专业型程序给予关

---

① 济南市中级人民法院〔2017〕鲁 01 行终字第 498 号行政裁定书。
② 杭州市中级人民法院〔2017〕浙 01 行初字第 212 号行政判决书。

照。上述三种类型的程序并非泾渭分明，而是在个别高校决定上具有混合性，如学位的授予即同时容纳了以上三种程序。

（一）参与导向下的程序

参与导向下的程序意图使高校在做出决定的过程中与相对人之间建立"对话"，增强行政决定的合法性。这不仅有助于提升行政决定的正确性，还能确保其可接受性。相对人通过告知、陈述与申辩、说明理由等方式参与行政过程，既能澄清案件事实，还能防止行政决定脱离法律的约束。高校亦因此能在与学生的沟通中注意到处理决定在事实与法律方面的分歧，并审慎而为。

最低限度的程序性权利不仅是维护实体正义的重要保障，也具有自身的程序性价值，如增加相对人对处理决定的可接受度、改善学生与高校之间的关系、强化相对人的主体性。但参与并不仅体现为听取当事人的陈述与申辩，在高校的处理决定可能构成对相对人权益的严重侵害时，应当适用更为严格的程序方为正当。这就需要在相对人的权益与公共利益之间取得平衡，过于严苛的程序对大学而言不仅会造成额外的负担，还将损害大学治理的有效性。

参与导向下的程序要求是自然正义理念的典型体现，有关陈述权、申辩权、听证权保障与课以告知、送达与说明理由义务的条款可见于《行政处罚法》、《中华人民共和国行政强制法》等国家立法中。《普通高等学校学生管理规定》第55、56、59条等条款也明确了纪律处分的法定程序。也正是基于这种自然正义的要求，法院应在拒绝授予学位、撤销学位等案件中，在国家立法的程序规则缺位的情形下课以高校听取相对人的陈述与申辩、告知其救济权利等正当程序义务。①

（二）民主导向下的程序

高校区别于行政机关的一个特征在于强调"依法自主办学，实行民

---

① 参见苏州市中级人民法院〔2006〕苏中行终字第0097号行政判决书。

主管理"，这是《高等教育法》第 11 条的要求。类似地，校长办公会对涉及学生重大利益的处分决定，高校学术委员会决定有关学术发展、学术评价、学术规范等事项，学位委员会对学位授予的审查以及申诉处理委员会处理学生对处分决定提起的申诉等，都是通过多元组成的委员会进行民主管理的具体体现。在高校决定的合法性与正当性的保障上，行政相对人的参与具有外部性，而决定过程的民主管理具有内部性。

民主导向下的程序凸显了多元参与与合议制的要求。其功能体现在以下方面：第一，大学自治的要求。大学自治的要义在于专业知识、民主参与和正当程序。[①] 民主参与在纪律处分与学术制裁领域皆有体现，校长办公会议、申诉委员会、答辩委员会、学术委员会、学位委员会等组织或议事机构蕴含了民主导向下的程序，通过此种组织与程序来进行大学的自我管理与自我约束。第二，对高校的决定形成约束与监督。如学生申诉委员会有权做出撤销或变更学校处理决定的复查意见，这意味着校长办公会或者专门会议不得以同一事实与同一理由做出同样的处理决定，否则将架空法定的学生申诉委员会的地位。一些法院在个案中未对由此产生的争议进行回应，固然存有法律漏洞的原因，但完全可以通过正当程序来对校长办公会漠视申诉委员会意见的行为进行审查。[②]

（三）专业导向下的程序

我国一些立法中业已规定了专业导向下的程序，如《学位条例》第 9 条规定"学位论文答辩委员会必须有外单位的有关专家参加"；《学位条例暂行实施办法》第 19 条规定学位评定委员会的成员"应当包括学位授予单位主要负责人和教学、研究人员"；《高等学校预防与处理学术不端行为办法》第 18 条规定学术不端的调查组"可以邀请同行专家参与调查或者以咨询等方式提供学术判断"等。这是因为相关事项的处理

---

① 参见伏创宇《高校校规合法性审查的逻辑与路径——以最高人民法院的两则指导案例为切入点》，《法学家》2015 年第 6 期。

② 广州铁路运输第一法院〔2017〕粤 7101 行初字第 4106 号行政判决书。

涉及学术专业判断，应当借助专业人员的参与或者通过专业人员构成的组织进行合议决定。

大学除了具有行政的属性外，还是享有自主权的学术组织，因而在正当程序的适用上不可将其简单地等同于行政机关或法院。学术事项的调查与违反管理秩序的行为存在差异，相对人的过度参与无助于学术问题的澄清。与一般的纪律处分不同，蕴含学术判断的处理决定往往需要专家的参与，仅以相对人参与为核心的听证会对学术判断达成的结论实际意义有限。即便是撤销学位等对学生权益影响较为重大的决定，无须在决定过程的后端适用较为烦琐的相对人参与程序（如听证），而是应当更多地考察决定过程中的学术专业判断是否得到足够保障。

举例而言，我国《学位条例》及其实施细则未明确学位论文答辩委员会、院系及校学位评定委员会的关系，有学者即主张为避免"刘燕文案"暴露出来的"外行审内行"的问题，学位评定委员会不应行使实质审查权。[①] 相对人参与导向型程序与专业导向型程序功能互补，两者相得益彰，如在美国"*Board of Curators University of Missouri v. Horowitz*"案中，某医学院大学生被所在公立大学以学业表现不佳为由退学，进而提起诉讼，美国联邦最高法院即指出正当程序在纪律处分与学术处分中存在差异，由于退学决定有赖于学术判断（Academic judgments），相对人不应享有正式的听证程序权利（Formal hearing），学校组织 7 位独立的临床医学专家对相对人的学业表现进行了评价，并充分告知对其学业表现的不满及相应后果，上述行为证明学校已经达到了履行正当程序的要求。[②] 这并不意味着司法对专家决定的过度尊重，而是高校决定的专业性对正当程序的适用形成了重要影响。

---

① 姚金菊：《学位正当程序的制度构建》，《学位与研究生教育》2014 年第 9 期。

② *Board of Curators of University of Missouri v. Horowitz*, 435 U. S. 78（1978）.

四　高校行政案件中正当程序适用的框架构建

可见，正当程序除了保护最低限度的程序正义与相对人的权益之外，还应体现为具有包容性与多样性的程序构造，正当程序的适用须回归何种程序才是正当的根本追问。正当程序在于强化行政决定的正当性而非确保其绝对正确，我国高校行政案件的司法实践虽然聚焦于最低限度的程序权利保障，却未澄清正当程序适用的规范依据、前提条件与具体路径等问题。我国高校行政案件中正当程序的适用应当明确规范依据，确立法定程序适用优先，依循参与、民主与专业的类型化导向展开。

（一）正当程序适用的规范依据

不同于域外生成判例制度的国家，我国的行政案件法官在适用正当程序原则时必然要在《行政诉讼法》第 70 条的框架下展开，后者将"违反法定程序"规定为撤销判决适用的情形之一。在正当程序原则被立法吸收的情形下，正当程序呈现为规则意义上的程序，可通过"违反法定程序"来进行司法审查，无须再诉诸正当程序的适用。《行政诉讼法》第 70 条中"法定程序"的"法"不仅包括《立法法》意义上的规范种类，还可拓展至其他规范性文件，这已为司法实践所承认。[①] 高校校规虽不属立法，但只要不违反上位法且符合正当程序原则，就应当肯认其设定的程序规则的效力。

在国家立法缺位的情形下，校规对程序规则的供给乃大学自主权的体现。一些大学在现有法律法规的框架下制定了更为严格的程序，如拟对学生做出开除学籍处分时，高校应当书面告知拟被处分学生有要求听证的权利、将留校察看处分纳入听证适用的范围、规定学士学位授予的

---

① 参见北京市石景山区人民法院〔2015〕石行初字第 93 号行政判决书。

初审名单须通过教务处的复审。① 法院对大学程序规则效力的认可，并非正当法律程序的直接适用，而是对校规效力的承认。不违反国家立法且经过正当程序制定的校规即产生了对其成员的拘束力。在高校提供程序规则的情形下，法院适用正当程序无须承担更多的风险。

若国家立法与高校校规皆未明确相关程序规则，正当程序的适用则可依据《行政诉讼法》第 70 条的"滥用职权"与"明显不当"来对高校处理决定的程序问题进行审查，这有利于增强正当程序适用的规范基础与司法公信力。其中，"滥用职权"是指违背立法目的与法定的基本原则行使权力，②"明显不当"则针对行政行为处理的裁量问题。举例而言，除非学术不端行为十分明显，《高等学校预防与处理学术不端行为办法》第 18 条规定"可以邀请同行专家参与调查或者以咨询等方式提供学术判断"应当"裁量收缩"，高校负有借助同行专家进行学术判断的程序义务。③

（二） 正当程序适用的前提条件

在正当程序已经法定化的情形下，自然应适用法定程序，这既可以避免司法权在正当程序适用上的恣意，也可以减少对法的安定性带来的损害。否则可能违背人们对法律的合理预期，为有关当局强加了不适当的程序义务，干预了行政裁量和学术自由，破坏了法律秩序的确定性。④因而正当程序只在立法存在空白的情形予以适用，这首先需要明确正当程序适用的前提条件，如果能通过对现行法律规范的解释阐明法定程序的内涵，则应当优先适用法定程序。

通过法律解释的方法明确法定程序不能归类于正当程序的适用，如

---

① 参见柳州市中级人民法院〔2010〕柳市行终字第 3 号行政判决书。
② 参见"陈刚诉句容市规划局、句容市城市管理局城建行政命令案"，载最高人民法院行政审判庭编《中国行政审判指导案例》第 3 卷，中国法制出版社，2013，第 128～132 页。
③ 参见伏创宇《国家监督与大学自治框架中的学术抄袭认定》，《行政法学研究》2020 年第 2 期。
④ 何海波：《正当程序原则的正当性——一场模拟法庭辩论》，《政法论坛》2009 年第 5 期。

改变处理决定的内容应当重新听取行政相对人的陈述与申辩[1]，处分决定前谈话了解的替考事实及检讨书不能代替原告享有的陈述申辩权[2]。就此而言，"田永案"的裁判越过当时的法定程序来适用正当程序的做法值得商榷，因其可以对当时生效的《普通高等学校学生管理规定》（1983 年颁发，已废止）第 64 条规定"对犯错误的学生……处理结论要同本人见面，允许本人申辩、申诉和保留不同意见。对本人的申诉，学校有责任进行复查"，展开不至于突破规范内涵的法律解释。

在法定程序的解释上，应当区分高校处分与一般行政行为的性质，不能将高校纪律处分、撤销学位等简单地等同于行政处罚。《行政处罚法》第 2 条明确其适用范围为"行政处罚"，即"违反行政管理秩序的行为"，进而规定了层级化的法律保留事项与弹性的法定程序，高校的行政处理决定显然无法归入该法第 8 条第 7 项之规定，即"法律、行政法规规定的其他行政处罚"。这意味着，法院不能简单地类推其他行政法律规范为高校行政案件的解决提供程序审查的规范资源。

（三）正当程序适用的具体路径

正当程序的生命力在于其灵活性，避免"将僵化的程序适用于所用的情形"。[3] 因正当程序国家立法未予明确规定，其适用路径应当根据高校行为与适用逻辑予以类型化。

首先，通过对高校行为进行类型化来决定正当程序的适用。高校的处理行为既可能只是蕴含着参与、民主与专业逻辑中的一种，也可能兼而有之。如对学生违反校园管理秩序做出的开除处分，适用的正当程序须考察高校是否听取了相对人的意见、是否经过校长办公会的讨论。而对于学术评价相关的程序，如果大学遵循了国家立法与大学校规的程序，

---

[1] 参见广州铁路运输中级法院〔2017〕粤 71 行终字第 330 号行政判决书。

[2] 广州铁路运输第一法院〔2017〕粤 7101 行初字第 4106 号行政判决书。

[3] *Cafeteria Workers v. McElroy*, 367 U. S. 886, 895, 81 S. Ct. 1743, 1748, 6 L. Ed. 2d 1230 (1961).

即便学生的权益可能因此遭受侵害，正当程序的适用空间则相应减小。尽管正当程序的认定须遵循学术节制原则，避免司法代替学术判断，但并不意味着关涉学术自治的事项完全排除正当程序的介入。如某研究生通过硕士论文答辩且符合硕士学位授予的条件，但被校学位评定委员会按照程序投票做出不授予学位的决定，法院须考察其是否说明理由、是否遵循了民主决定的程序、是否尊重学术的专业判断等。①

其次，以法定的基本原则为基础阐释正当程序的形态。（1）行政相对人参与分析。针对开除学籍、退学处分、撤销学位等对行政相对人权益影响严重的决定，是否应当告知其具有要求听证的权利，现有司法实践只是在高校校规业已规定的情形下进行审查。从保障相对人权益的角度出发，即便程序未予法定化，法院应当进行"成本－效益分析"，衡量受影响的学生权益的性质、通过特定程序避免侵害的可能性以及特定程序带来的负担，以此为依据来决定何种程序方为适当，而不能局限于"最低限度的程序权利"。（2）民主决定过程分析。民主决定的过程应当符合民主的多元代表与多数决要素。我国国家立法虽然确立了一些民主决定的基本程序，但更多的是授权各高校制定具体的细则，这并不意味着高校可以恣意制定相关校规。在校规违反上位法或者存在空白的情形下，法院不应当放弃正当程序的审查，审查内容包括人员组成、出席人数、投票情况、会议记录等，皆关涉正当程序的适用。（3）学术专业判断分析。我国法院已在不少高校行政案件中展现出尊重学术专业判断的立场，但不应一味地放弃对专业判断事项的审查。"当法官被要求审查学术决定的实体内容，他们应对教师的专业判断予以相当的尊重。除非该专业判断违背大家所接受的学术规范，或显示做出决定的个人或委员会并非真正从事专业判断，否则就不应推翻该项专业判断。"② 尽管如

---

① 参见南宁市西乡塘区人民法院〔2011〕西行初字第4号行政判决书。

② *Regents of the University of Michigan v. Ewing*, 474 U. S. 214（1985）.

此，司法谦抑与正当程序的适用并不冲突，在涉及学术专业判断的事项上，法院应当审查专业判断的正当程序是否得以履行，如此方能增强学术自治的正当性与公信力，也有利于保障行政相对人的合法权益。正当程序在高等教育领域的法律规范与原则中的宣示与体现，需要法院进一步明确其正当程序内含的"界定者及其司法适用的决断者地位"[①]。相较于外部程序的相对人参与，民主导向与专业导向下的正当程序适用要求法院深入大学的内部治理过程，亦因此需要法院通过司法技艺逐步发展以民主管理与学术自治为核心概念的法教义学，借助正当程序的适用推动大学的规范治理。

---

① 刘练军：《公序良俗的地方性与谦抑性及其司法适用》，《求索》2019 年第 3 期。

第四章

对高校校规自治的司法审查

一 高校校规的合法性审查检讨

2014年末，"田永案"与"何小强案"被最高人民法院作为指导案例发布，有利于推动当时依旧困难重重的高等教育行政诉讼进程，同时亦涉及高校校规自治边界的重要问题，即对高校校规如何进行司法审查？无论是"田永案"还是"何小强案"，都在裁判中强调了对校规的合法性审查，却未交代合法性审查原则的基础是什么。在合法性框架下，又如何认定校规"违反"国家法律、行政法规或规章等规范？以上问题，在学理上抑或在实践中，都有待进一步澄清。

（一）合法性审查的逻辑

两则指导案例都承认高等学校有制定校规的"权力"、"自主权"或"职责"，同时强调高校"制定的校纪、校规和据此进行的教学管理和违纪处分，必须符合法律、法规和规章的规定，必须尊重和保护当事人的合法权益"（"田永案"），"在符合法律法规规定的学位授予条件前提下，确定较高的学士学位授予学术标准或适当放宽学士学位授予学术标准，均应由各高等学校根据各自的办学理念、教学实际情况和对学术水平的理想追求自行决定"（"何小强案"）。

言下之意，高校的校规应当符合国家立法的规定，在此基础上高校"依法"享有"教育自主权"（"田永案"）或"教学自主权"（"何小强案"）。但两者依此得出的裁判结果迥然而异，前者的结论为"校规与《普通高等学校学生管理规定》第 29 条"相抵触，而后者指出校规"没有违反《学位条例》第 4 条和《学位条例暂行实施办法》第 25 条的原则性规定"。

无论是理论还是实践，对校规进行审查业已成为共识。[①]　"田永案"判决采用的"相抵触"，"何小强案"判决提到的"没有违反"，以及曾引起热烈讨论的"甘露案"判决所宣明的"参考高等学校不违反上位法且已经正式公布的校纪校规"[②]，都蕴含着依据国家立法对校规进行审查的必要性，为特别权力关系理论的"除魅"迈出了坚实的一步。只是，在校规与国家立法之间混沌的关系状态下，司法审查的立法立场往往很难被拿捏。从合法性审查的具体适用来看，指导案例 38 号与指导案例 39 号正好代表了两种不同的类型。

指导案例 38 号体现的合法性审查强调校规应当有法律依据，这从"田永案"判决中的论证理由可见一斑，如 1990 年版的《普通高等学校学生管理规定》（国家教育委员会令第 7 号）第 12 条规定"考试作弊的，应予以纪律处分"，第 29 条规定了应予退学的 10 种情形（无不遵守考场纪律或者考试作弊应予退学的规定）。在法院看来，北京科技大学的"068 号通知"不仅扩大了"考试作弊"的范围，而且对"考试作弊"的处理方法明显重于《普通高等学校学生管理规定》第 12 条的规

---

① 　相关的研究可参见：张冉《高校校规：大学自治与国家监督间的张力》，《清华大学教育研究》2011 年第 6 期；陈越峰《高校学位授予要件设定的司法审查标准及其意义》，《华东政法大学学报》2011 年第 3 期；倪洪涛《论法律保留对"校规"的适用边界——从发表论文等与学位"挂钩"谈起》，《现代法学》2008 年第 5 期；伏创宇《论校规在行政诉讼中的适用》，《河北法学》2014 年第 9 期；马焕灵《论高校学生管理中自由与秩序的限度》，《教育研究》2011 年第 3 期；胡肖华、徐靖《高校校规的违宪审查问题》，《法律科学》2005 年第 2 期；袁征《制定校规的基本原则》，《教育评论》2005 年第 1 期。
② 　最高人民法院〔2011〕行提字第 12 号行政判决书。

定，也与第 29 条规定的退学条件相抵触。① 亦即，无论是"考试作弊"还是"纪律处分"，都在国家立法层面缺乏相应的法律依据。

与此相对应的是，指导案例 39 号确定的合法性审查原则强调国家立法的框架性功能，校规的内容不必具备明确的法律依据。《学位条例》、《学位条例暂行实施办法》对学位授予的条件规定具有原则性与纲领性，包括"基础理论、专门知识和基本技能"。显然，国家英语四级考试成绩不属于学士学位授予的条件之一，华中科技大学的相关规定缺乏国家立法层面的明确依据。"在符合法律法规规定的学位授予条件前提下，确定较高的学士学位授予的学术标准或适当放宽学士学位授予的学术标准，均应由各高等学校根据各自的办学理念、教学实际情况和对学术水平的理想追求自行决定。"② 指导案例 39 号告诉我们的是，即使国家立法未予明确规定，校规亦具有合法性。

（二）合法性审查的困境

由是观之，两个案例在合法性审查的具体适用上分道扬镳。指导案例对合法性审查的论证并未形成系统的方法与逻辑，导致判决的结论缺乏充分的说服力。这恰恰从侧面反映了我国高校校规自治的边界尚不清晰。无论是"田永案"，还是"何小强案"，都承认了对校规的合法性审查，但不论是审查的逻辑、适用范围还是审查路径，都存在模糊之处，有待进一步澄清与剖析。

1. 合法性审查的逻辑困境

合法性审查中的"合法"究竟指校规具有权限上的根据，还是内容须具有法律的依据，抑或指校规的内容与国家立法不相冲突？倘若回避这个问题，合法性审查原则将沦为"水中月，镜中花"，对校规的司法审查立场不明，极可能导致司法的消极保守。

---

① 最高人民法院指导案例 38 号。
② 最高人民法院指导案例 39 号。

指导案例 39 号为"合法性审查"设定了一个重要前提，即"不能干涉和影响高等学校的学术自治原则"，使用的范围限于"学位授予类行政诉讼案件"。指导案例 38 号只字未提学术自治，仅强调了校规在国家立法有关退学处分的情形上缺乏明确依据。

两个指导案例在合法性审查逻辑上出现的分野，是两者在合法性审查的根本立场上出现了重大分歧，还是这种审查逻辑的差异恰恰蕴含了校规合法性审查的内在要求，指导案例本身并未进一步交代。

2. 合法性审查的适用范围

合法性审查原则在"何小强案"中被首次提出，但"合法性审查"的内涵并不清晰。指导案例 39 号表明，对"学位授予类案件"应当适用合法性审查原则，基于解决个案的司法审查立场，未对合法性审查的范围进行阐明。那么，除了学位授予类行政诉讼案件，高校校规的合法性审查是否还适用于其他类型高等教育行政案件？是否同样适用于指导案例 38 号对退学条件做出规定的校规审查？

解读指导案例 39 号，高校校规合法性审查的基础是"不能干涉和影响高等学校的学术自治原则"，这意味着国家权力的干预不能僭越学术自治的领地，避免国家权力侵害学术自治。因而，如何理解"学术自治"就成为适用合法性审查的关键问题之一，而司法实践对校规合法性审查的范围尚未形成共识。同样是不授予学位的问题，有法院认为："'受过留校察看以上行政处分而不授予学士学位'的规定属于合理性问题，根据我国行政诉讼法的规定，对具体行政行为的合理性不作审查。"① 可见，校规合法性审查的展开首先需要辨识其适用前提。

因此，需要澄清的是，对校规进行合法性审查的范围如何确定？两个指导案例都对此缄默不语，下级法院如何"参考适用"，面临着判断

---

① 最高人民法院中国应用法学研究所编《人民法院案例选·2005 年第 2 辑（总第 52 辑）》，人民法院出版社，2006，第 421 页。

上的困难。

3. 合法性审查的路径困境

校规制定的授权不意味着无论校规的内容如何规定，皆属合理性问题。指导案例 39 号告诉我们，法院对校规的审查除了规范合法性的考量外，还应当尊重高校的"学术自治"。即使该校规依据国家立法具备规范上的合法性，司法审查还需辨明：校规的制定及其内容是否遵循了学术自治原则？学术自治在合法性审查原则的框架下如何进行判断？指导案例对以上问题的态度不明，亟须澄清。

依据指导案例 39 号，即使属于"学术自治的范畴"，校规仍须在"符合法律法规规定的学位授予条件前提"下方具有正当性。行政法的规范渊源呈现出多层次性，从法律、法规、规章到规范性文件，效力迥然相异。与此相对应的是，指导案例 38 号认为校规"必须符合法律、法规和规章的规定"。在具体的审查路径上，如何判断是否"符合"，符合哪些国家立法规范（是否还包括非正式法律渊源的其他规范性文件），仍然困难重重。此外，校规还"必须尊重和保护当事人的合法权益"，这是指导案例 38 号在原判决书基础之上有意提出来的命题。[①] 对于指导案例 38 号所提命题是否适用于指导案例 39 号，需要回答的是，若校规与上位法不相抵触且遵循了"学术自治原则"，是否还需要考察其合理性？[②] 指

[①] "田永案"二审判决书中的表述"学校有权制定校规、校纪，并有权对在校学生进行教学管理和违纪处理，因此而引起的争议不属于行政诉讼受理范围"，在《最高人民法院公报》上被修改为"学校依照国家的授权，有权制定校规、校纪，并有权对在校学生进行教学管理和违纪处理，但是制定的校规、校纪和据此进行的教学管理和违纪处理，必须符合法律、法规和规章的规定，必须保护当事人的合法权益"。

[②] 有我国台湾地区学者针对校规将英语成绩列为毕业门槛条件，从教育资源、价值观、诚信原则等不同角度批评该制度的正当性，参见何万顺、周祝瑛、苏绍雯、蒋侃学、陈郁萱《我国大学英语毕业门槛政策之检讨》，《教育政策论坛》2013 年第 3 期。大陆地区亦有判决似乎对高校校规持合理性审查立场，认为校规规定考试作弊不授予学位属于合理性问题，但应予以审查。"对考试作弊者不授予学位，管理目的正当、处理手段适当，有利于实现教育法、高等教育法等法律法规确定的立法目的和教育目标，有利于各学位授予单位依法自主办学、提高教学质量和学术水平，同时也有利于从整体上保护受教育者的合法权益"，从而相关校规"合理、正当"。参见苏州市中级人民法院〔2008〕苏中行再终字第 0001 号行政判决书。

导案例若通过对判决的"加工"来提升其"指导意义",却未进行详细论证,可能损害指导案例本身的公信力与权威性。

同时,"各高等学校根据自身的教学水平和实际情况在法定的基本原则范围内确定各自学士学位授予的学术水平衡量标准"表明,即使校规规定事项属于"学术自治的范畴",符合"法律、法规",还需要"在法定的基本原则范围内"制定校规。指导案例 39 号提出的"学术自治原则"是不是唯一的"法定的基本原则"?校规是否违背"法律原则"抑或"法定的基本原则",仍然面临着校规审查依据的识别问题。

综上,对高校校规的合法性审查逻辑不清晰,也导致了高校校规的合法性审查路径混乱。只有对高校校规的自治边界从理论基础与规范依据上进行清晰的梳理,方能澄清以上问题。在对实践中高校校规司法审查进行检讨的基础上,致力于高校校规与国家立法之间法律关系的澄清,从行政诉讼的视角厘清高校校规的自治边界有着重要的意义。

二　对高校校规的司法审查完善

司法实践对校规审查多持消极态度。其理由大抵包括:其一,国家法与校规乃上下位法的关系,校规与国家法不相抵触即可;其二,校规在国家法框架下对学位授予条件的细化和填补是大学自主权的体现,属于"学校办学自主权的范围"①;其三,学生有遵守校规的义务,《普通高等学校学生管理规定》第 6 条课以学生"遵守学校章程和规章制度"的义务,在第 4 条、第 44 条再次予以强调,第 54 条则规定了违反校规可能受到的制裁。如法院在"吕汶珂与郑州航空工业管理学院案"中提出,② 高等学校的学生应当遵守法律、法规,遵守学生行为规范和学校

---

① 重庆市沙坪坝区人民法院〔2004〕沙行初字第 32 号行政判决书。
② 郑州市二七区人民法院〔2012〕二七行初字第 48 号行政判决书。

的各项管理制度；其四，校规具有普遍适用的效力，校规对"包括上诉人在内的在校学生普遍适用，其标准都是一致的，并未违反公平公正的原则"①；其五，校规是保障大学教育质量的重要措施。②

以上理由都难以经得起推敲。大学自治是学术自由的制度性条件，是实现学术自由的保障。大学自治必须以大学能够"自律"为条件，在大学自治功能不彰的情形下，国家有必要通过公权力的介入维护学术自由，司法审查便是其中重要的手段之一。学术自由是校规正当性的终极来源，因此"上下位法关系"与普遍适用效力的主张掩盖了校规权力的本相。作为高校自治产物的校规是否保障了学术自由，还需要在司法审查中予以多方面考察，否则"学术自治"③、"教育自主权"④、"教育管理自主权"⑤ 将沦为司法消极保守的"遮羞布"。

校规与国家立法之间的关系体现了组织上的分工，大学自治意在作为"制度性保障"，彰显大学的自主性。然则，这并非意味着凡属于大学自治领域的事项司法审查皆应止步。"这种组织或制度性的自主，并不等于大学各种措施在实体上都必然是合法的。"⑥ 基于校规优先与法律保留的分野，首先需要对校规是否涉及学术目的进行审查。若与学术目的无关，则按照法律保留的原则进行合法性审视；若涉及学术目的，则须考察校规是否违背了国家立法的规定。其次，即使校规与国家立法不相冲突，校规的合法性仍需要受到学术自治的内在限制，即是否遵循了"法定的基本原则"。笔者将此种对校规的合法性审查模式概括为"目的—规范—原则"的三阶层审查结构。

---

① 武汉市中级人民法院〔2006〕武行终字第 60 号行政判决书。
② 深圳市南山区人民法院〔2005〕深南法行初字第 20 号行政判决书。
③ 最高人民法院指导案例 39 号。
④ 南昌市中级人民法院〔2009〕洪行终字第 31 号行政判决书。
⑤ 天津市高级人民法院〔2004〕津高行终字第 0044 号行政判决书。
⑥ 何万顺、廖元豪、蒋侃学：《论现行大学英语毕业门槛的适法性》，《政大法学评论》2014年总第 139 期。

（一）目的之审查

指导案例 39 号无疑提供了对学术性问题进行合法性审查的典型范本，即学位授予类行政诉讼案件司法审查的范围应当以合法性审查为基本原则，同时强调，"对学士学位授予的司法审查不能干涉和影响高等学校的学术自治原则"。忽视学术自治作为合法性审查的前提，不仅会扭曲国家立法与校规之间的关系，还可能导致指导案例确立的合法性审查空洞化。以"杨永智诉济南大学不授予学位案"（以下简称"杨永智案"）为例，针对济南大学的校规将纪律处分作为不授予学位的情形之一，① 是否亦如指导案例 39 号一般，在合法性审查原则下，认定该校规的内容属于学术自治的范畴？

校规的内容，无论英语四级考试成绩、补修课程数量限制，还是是否补授学位，毋庸置疑都属于高校学术自主权的范围。"学术是一种不拘内容形式，但有严谨计划尝试探究真理的活动，是以条理分明可验证的方式获取知识的活动；讲学则是传授以上述方法获取完整或不完整的知识。"② 因而，凡与研究、教学相关的活动，皆属于学术自治的范围。大学自治的基础在于学术自由，无须遵循法律保留原则下立法通过规范依据的设定来约束行政权的路径。指导案例 38 号亦指出，"学位证书是评价个人学术水平的尺度"。学位的授予，必须与大学的学术目的有所关联，方可排除国家立法的传送带模式控制。以我国《学位条例》为例，其在学位授予的条件上采用了"较好地掌握本门学科的基础理论、专门知识和基本技能"、"具有从事科学研究工作或担负专门技术工作的

---

① 参见山东省济南市中级人民法院〔2011〕济行终字第 29 号行政判决书。《济南大学普通全日制学生学籍管理暂行条例》第 69 条规定，"受到行政纪律处分者"、"考试作弊者"、"国家统测科目不符合要求者"、"毕业时平均学分绩点未达到 2.0 者"与"未取得毕业资格者"，不授予学位。该条例历经 2012 年、2017 年两次修改，变更为《济南大学普通全日制本科学生学籍管理规定》，已经删去了相关规定，仅通过第 59 条简单地规定"毕业的学生符合学位授予条件者，经学校学位评定委员会批准，颁发学位证书"。参见济南大学官网，http：//xgc.ujn.edu.cn/info/1029/6025.htm，最后访问时间：2021 年 12 月 3 日。

② BVerfGE 35，79，S.113.

初步能力"等不确定法律概念，正是国家立法为学术自由留下空间，也包含了为国家权力设定界限的意涵，不能为学位授予的具体条件划定条条框框。① 当然，国家立法为学术自治留下的空间，并不意味着校规在学术事务领域的任何塑造活动，皆不受法的控制，其仍需受到立法目的与原则的拘束，如我国《学位条例》所规定的"促进我国科学专门人才的成长，促进各门学科学术水平的提高和教育、科学事业的发展"、"具有一定学术水平"即属于学术自治的一种框架性目标。

"杨永智案"的判决提供了另外一种思路，法院认为："申请学士学位者除具备政治上拥护中国共产党的领导、拥护社会主义制度外，只要符合《学位条例》第 4 条、《暂行实施办法》第 3 条规定的条件，就应当授予学士学位。"② 而济南大学的校规"增加与学业成绩及学术水平无关的限制条件，给高等学校本科毕业生获得学士学位增加额外的义务"，"且《济大学籍条例》第 69 条笼统而不加甄别地将'受到行政纪律处分'作为不授予本科毕业生学士学位的条件，与《学位条例》与《暂行实施办法》的精神不符。"③ 可见，"杨永智案"的判决力图保持合法性审查的界限，即使是学术目的之审查，仍然拘泥于现行的立法文本及其精神。"受过留校察看以上行政处分而不授予学士学位"的规定不属于合理性问题，应在合法性审查的范围之内。而指导案例 38 号将"教学管理"与"违纪处分"并列，置于同一合法性原则下，显然忽视了学术目的的前提性审查。

大学自治事项上的判断应当避免以事项或行为本身作为考察的依据，以防学术自治范围外的因素考量侵蚀自主权。换言之，对校规的审查不

① 与此相关还可见诸《教育法》所确认的学校及其他教育机构具有一系列权利，包括按照章程自主管理、组织实施教育教学活动、招收学生或者其他受教育者、对受教育者进行学籍管理、对受教育者颁发相应的学业证书等。

② 济南市中级人民法院〔2011〕济行终字第 29 号行政判决书。

③ 2012 年 9 月 1 日开始实施的《济南大学普通全日制学生学籍管理规定》废止了原暂行条例，删去了与此案相关的第 69 条，可以推测法院的裁判对校规的制定产生了一定影响。

应简单地考察校规是否涉及学术性事项（如授予学位），而应秉持学术目的之审查，即该校规是否具有实现教育理念、保障学术自由之目的。退学可分为"学业性退学"与"惩戒性退学",① 拒绝授予学位既可能基于学术水平要素，也可能纳入了纪律处分因素，因此，仅仅以事项为标准无法界定大学自治的范畴。若不是对学术活动及整体学术环境造成伤害，进而危及学术自由与学术伦理（如学术抄袭），针对"受到纪律处分"不授予学位，不仅与高等教育的发展目标"使受教育者成为德、智、体等方面全面发展的社会主义事业的建设者和接班人"② 相悖，还逾越了我国《学位条例》所确定的学术水平界限，不符合学术自治的本质。这也是指导案例 39 号合法性审查所设定的前提，高校自治权不能不当地侵害学术自由，校规自治亦具有自身的边界。若简单地以高校自治为由，过分地扩张校规的权力边界和法律效力，则会使本已陷入"混沌状态"的高校校规"剪不断，理还乱"！

（二）规范之审查

校规若与学术目的无关，则按照法律保留的原则进行合法性审视。若涉及学术目的，只需考察校规是否与国家立法的规定相抵触。国家立法规范不仅仅包括法律、行政法规、行政规章，还包括大量的规范性文件。存在争议的是，能否将所有规范作为不抵触审查的依据？

大学自治的范围源自作为学术自由的基本权利，同时也形塑了国家立法的界限，其不能侵害我国宪法规范所蕴含的学术自由保障。行政机关的立法或解释不能当然地作为校规合法性的依据。③ 在现有的行政诉

---

① 参见 *Board of Curators of University of Missouri* v. *Horowitz*, 435 U. S. 78（1978），pp. 85 – 90。

② 参见《高等教育法》第 4 条规定。

③ 行政解释的正当性在实践中也得到一定程度的反思与修正，如 2008 年 6 月，山西省学位办废止了实施长达 8 年之久的《山西省学士学位授予工作暂行规定》（晋学位〔2000〕2号），意"在适应新形势下学士学位管理工作的需求，充分发挥各学位授予单位的作用"。参见《关于废止〈山西省学士学位授予工作暂行规定〉的通知》，山西省教育厅网，http://jyt. shanxi. gov. cn/xwzx/ggtz/201805/t20180515_2639665. html，最后访问时间：2019 年 2 月 1 日。

讼体制下，司法权仍然可以有所作为，无论是规章的"参照效力"，还是对其他规范性文件的附带审查，都预设了对校规的合法性审查不能简单地因循"国家立法—行政解释—校规"的正当化路径。

如果我们对"田永案"做出另一种假设，教育行政部门出于严肃考场纪律的需要，在1990年颁布的《普通高等学校学生管理规定》（国家教育委员会令第7号）第63条之下对"情节严重"予以细化，将所有作弊行为或者将某些特定作弊行为纳入应当予以退学的适用范围，是否意味着北京科技大学的第68号令具有合法性？有法院在司法实践中对此做出了肯定回答，将相关的行政规范性文件作为支撑高校校规合法性的直接依据。[①] 应当保持警惕的是，"情节严重"一词既可能意味着国家立法的授权，在此范围内高校根据学术自治可以对校规的内容予以设定，赋予高校针对严重违反学术伦理的行为必须调查并予以制裁的义务。一旦抄袭、作弊蔚然成风，致使学术环境与学术伦理遭受重大侵害，在法律缺位的情形下，行政立法抑或规范性文件可担当起学术自由的保障责任。但不管是立法权还是行政权，在学术自治的范围内，都应为高校留下自主办学空间。涉及学术自治的事项，行政立法或其他规范性文件不能针对学术社群决定的问题代替校规做出决定；另外，若与学术自治无关，诸如针对违反一般校园管理秩序的行为给予的纪律处分，行政规范性文件可以进行细化，但不得违反法律优先与法律保留原则，否则不应作为校规合法性审查的依据。

---

① 依据《普通高等学校学生管理规定》（国家教育委员会令第7号）第63条第1款第（5）项之规定，违反学校纪律，情节严重者，学校可酌情给予勒令退学或开除学籍处分。何谓"情节严重"，《中国矿业大学考试纪律与违纪处分条例》第8条进行了解释，其中将"由他人代替考试、替他人参加考试、组织作弊、使用通讯设备作弊及其他作弊行为严重的"视为情节严重的情形之一。法院在"宋某诉中国矿业大学案"中认为，校规的合法性依据来自《关于采取切实有效措施坚决刹住高等学校考试作弊歪风的紧急通知》（教育部办公厅教电〔2003〕504号），其中明确规定对雇佣枪手替考作弊者做出开除学籍的处分，因而支持学校的处分决定。参见《矿大研究生用"枪手"被开除两告母校》，中国法院网，http：//www.chinacourt.org/article/detail/2006/02/id/197513.shtml，最后访问时间：2015年5月30日。

　　校规若与学术目的相关，在对校规的审查上，也应当审查校规是否违背法律优先原则。国家立法在尊重大学自治的前提下，通过框架设定，实现学术自由的制度保障。相关的规定不胜枚举，诸如，我国《学位条例暂行实施办法》将"比较熟练地阅读本专业的外文资料"[①]作为硕士学位的考试课程与要求，旨在通过国家立法将基本的人才培养要求予以确定，从而保障高校学术活动的展开与人才培训的更好实现。我们对"何小强案"做出一种假设，如果学校规定所有学生只有通过德语（学校未开设此课程）四级考试才能授予学位，该校规是否具有正当性呢？答案显然是否定的，因为校规与国家立法相抵触。具有框架性的国家立法蕴含了高校开设一门外国语课程的义务，若此课程根本未开设，校规却设定相关条件，乃属与国家立法相抵触。同样地，若高校规定"本科学生必须在第七学期前通过 CET－4，否则不授予学士学位"，[②] 对相关成绩进行期限上的限制，与《普通高等学校学生管理规定》第 32 条"符合学位授予条件的，学位授予单位应当颁发学位证书"、学业年限的规定、第 3 条所确立的"以培养人才为中心"以及《高等教育法》的教育方针相悖，变相地缩短了学业年限的规定，也与高等学校的教育与培养目标不相吻合。因此，在涉及学术自治的前提下，校规与国家立法不相冲突，才能满足合法性审查的要求。

---

① 类似的还可参见我国《学位条例》第 17 条"学位授予单位对于已经授予的学位，如发现有舞弊作伪等严重违反本条例规定的情况，经学位评定委员会复议，可以撤销"以及《高等教育法》第 16 条"本科教育应当使学生比较系统地掌握本学科、专业必需的基础理论、基本知识，掌握本专业必要的基本技能、方法和相关知识，具有从事本专业实际工作和研究工作的初步能力"等条款。

② 武汉市中级人民法院〔2006〕武行终字第 130 号行政判决书。另外参见重庆市第一中级人民法院〔2004〕渝一中行终字第 256 号行政判决书。该案争议点在于，西南政法大学关于"因英语未达毕业标准而暂作结业处理的九三级本科生，修业期满后一年内，均可继续参加英语统考，成绩达 60 分以上者，均可换发毕业证书，但不授予学士学位"的规定是否具有合法性。

（三）原则之审查

大学自治并不意味着摆脱国家的监督，可以成为"天马行空"的法外疆域。指导案例 39 号在学术自治原则之外提出了"法定的基本原则"之审查，显非同义反复。即使校规在学术目的相关的前提下与国家立法不相冲突，校规的合法性仍需要受到学术自治的内在限制，即是否符合"法定的基本原则"。指导案例 39 号实质上蕴含了国家对大学自治的监督，其提到"在法定的基本原则范围内确定各自学士学位授予的学术水平衡量标准"，却始终未告诉我们"法定的基本原则"如何在个案中予以适用。

大学自治本身亦可能侵害其成员的合法权益，主要有以下原因：第一，大学自治的要义在于专业知识、民主参与及正当程序，这些组织与程序要素若未充分实现，将致使校规侵害成员的权益；第二，即使上述自治要素得以满足，校规在学术自治事项上亦可能突破合理及必要的范围。"大学自治并非大学恣意，需受到宪法、行政法各种基本原则的约束。"[1] "是否尊重和保护当事人的合法权益"，必然使得合法性审查不仅仅考量校规是否与国家立法规范相抵触，还应当审视校规的内容是否违背了法定的基本原则。

在学术自治的范畴内，这意味着对校规的合法性审查走向一种广义的合法性考量。我国台湾地区对校规的司法审查经历了从"依据法律保留原则的审查"，[2] 到"无法律另设规定，则大学自为规定"的合法性审查，[3] 并走向广义的合法性审查。我国台湾地区"司法院"大法官释字第 563 号对校规的学术自治做出了限定："大学对学生所为退学之处分行为，关系学生权益甚巨，有关章则之订定及执行自应遵守正

---

[1] 何万顺、廖元豪、蒋侃学：《论现行大学英语毕业门槛的适法性》，《政大法学评论》2014年总第 139 期。

[2] 参见台北高等行政法院〔2000〕诉字第 1833 号行政判决书。

[3] 参见我国台湾地区"最高行政法院"第 344、467 号行政判决书。

当程序，其内容并应合理妥适，乃属当然。"

有学者认为，这意味着我国台湾地区司法实践对校规的审查摒弃了合法性审查原则，逐步走向"正当性审查模式"。[①] 正当性审查模式的标志是我国台湾地区"司法院"大法官释字第 626 号，其提出："因以色盲之有无决定能否取得入学资格，使色盲之考生因此不得进入警大接受教育，而涉有违反受教育权与平等权保障之虞，是否违宪，须受进一步之检验。"[②] "合法性审查模式能否真正保障大学自治是值得质疑的。而从学生权利救济的角度来看，合法性审查模式亦是无法切实对其进行实体性救济。"[③] 这种观点有一定的合理性，但不能直接适用于当前对校规的司法审查。

一是因为对校规的合法性审查与合宪性审查属于两个不同的问题，合宪性审查超越了法院在行政诉讼中的权限范围。二是对合法性审查的内涵界定仍不清晰。合法性审查既不能等同于司法权毫无节制地尊重校规的学术自治，也不能无限地扩大为适当性审查。不仅立法权与行政权不能侵害大学自治，司法权同样不能过多地将触角深入学术自治的范围。因此，依据原则的审查应当予以节制，避免将合法性审查异化为适当性审查，代替高校就学术问题做出决定，从而实质上侵害学术自治。这要求作为审查依据的法律原则应当局限于法定的基本原则，或明确规定于法律规范中，或可从法规规范的体系和意义脉络中推论出来。

依据法定的基本原则对校规进行审查，不会突破合法性审查的界限。就英语四级作为学位授予的条件而言，法院应当依据正当法律程序原则、平等原则等法定的基本原则进行审查。正当法律程序原则在高等教育行

[①]　参见周慧蕾、孙铭宗《论大学自治权与学生权利的平衡》，《行政法学研究》2013 年第 1 期。

[②]　参见我国台湾地区"司法院"大法官释字第 626 号。

[③]　周慧蕾、孙铭宗：《论大学自治权与学生权利的平衡》，《行政法学研究》2013 年第 1 期。

政诉讼中的运用滥觞于"田永案"，① 并在司法实践中得到一定程度的适用。法院需要审查相关校规的制定是否遵守了法定程序（包括法律规范与大学章程所确定的程序），是否遵循了最低程度的程序正义？比如校规是否在公布和制定修改过程中赋予了教师与学生表达意见的机会、校规的效力不能溯及既往等。当然，校规制定程序可具有灵活性，如公开不需要采取送达的方式。法院在"何小强案"中就认为，"高等院校的招生简章是一种面向高考考生和社会公众的招生宣传方式，不可能穷尽所有的教学内容和学术标准"②，互联网上公开校规已满足了正当程序的要求。同时，英语标准是否侵犯了来自少数民族地区或农村地区学生的平等权，司法应依据《高等教育法》所确立的平等原则对校规进行审查。平等原则可以从《高等教育法》第 8 条"为少数民族培养高级专门人才"、第 9 条"国家采取措施，帮助少数民族学生和经济困难的学生接受高等教育"、第 55 条对家庭困难学生的帮助条款中引申出来。指导案例 39 号提出将"法定的基本原则"作为校规审查的依据，无疑也在合法性审查的框架内展开。

即使是法定的基本原则，在具体的个案适用中亦存在界限，不宜单独作为校规合法性审查的依据。以学位授予而言，国家立法只是设定了高校自治的基本框架，《学位条例》第 4 条、《学位条例暂行实施办法》第 3 条就学位授予必须达到的学术水平做出了规定。问题是，《学位条例》第 2 条关于学位申请人必须"拥护中国共产党的领导、拥护社会主义制度"的价值与功能如何，直接关系到校规本身的合法性，能否将之作为学位授予所应遵守的基本原则，需要在现行法秩序的意义脉络中予

---

① "田永案"的争议点之一就是学校做出的退学决定的程序是否合理正当。尽管当时的法律法规对处分的做出程序未有明确规定，但法院认为："退学处理的决定涉及原告的受教育权利，从充分保障当事人权益原则出发，被告应将此决定向本人送达、宣布，听取当事人的申辩意见。而被告既未依此原则处理，尊重当事人的权利，也未实际给原告办理迁移学籍、户籍、档案等手续。"

② 最高人民法院指导案例 39 号。

以考察并关注其适用的前提条件。

国务院学位委员会于 2003 年针对浙江大学的复函中重申了国务院学位委员会和教育部联合于 1981 年发布的《关于做好应届本科毕业生授予学士学位准备工作的通知》（［81］学位字 022 号）的现行约束力，指出，"其本身内涵是相当丰富的，涵盖了对授予学位人员的遵纪守法、道德品行的要求"。① 依据［81］学位字 022 号文件，② 在授予学士学位工作中，必须坚持社会主义方向。应届本科毕业生必须拥护中国共产党的领导，拥护社会主义制度，愿意为社会主义建设事业服务，遵守纪律和社会主义法制，品行端正，方可授予学位。亦因此，不少判决支持校规将受过记过以上处分作为拒绝授予学位依据的正当性，"武华玉案"③即是一例。在"王某诉某大学案"、"贺叶飞与苏州大学不授予学士学位案"中，法院虽然未直接引用该解释，却在判决中将其作为了论证的主要理由。④ 有法院甚至援引《教育法》与《高等教育法》⑤ 中有关德智体美劳全面发展的教育目标条款，表明"对受教育者道德品行的培养是我国高等教育的重要内容和目标"。⑥

此种合法性审查的路径缺乏足够的说服力。行政机关对法定的基本

---

① 《关于对〈中华人民共和国学位条例〉等有关法规、规定解释的复函》（学位〔2003〕65 号）。

② 《关于做好应届本科毕业生授予学士学位准备工作的通知》［81］学位字 022 号）。

③ 参见"武华玉案"，载最高人民法院行政审判庭编《中国行政审判指导案例》第 1 卷，中国法制出版社，2010，第 43 页。

④ 参见上海市长宁区人民法院〔2009〕长行初字第 24 号行政判决书、苏州市中级人民法院〔2008〕苏中行再终字第 0001 号行政判决书。在"周稷栋状告浙江大学拒授学士学位案"中，国务院学位委员会根据浙江大学就"学位条例等相关法规中是否涵盖了对授予学位人员思想道德品行方面的要求"的请示，做出了《关于对〈中华人民共和国学位条例〉等有关法规、规定解释的复函》（学位〔2003〕65 号）。

⑤ 《教育法》（2021 年修订）第 5 条规定："教育必须为社会主义现代化建设服务、为人民服务，必须与生产劳动和社会实践相结合，培养德智体美劳全面发展的社会主义建设者和接班人。"《高等教育法》（2018 年修订）第 4 条规定："高等教育必须贯彻国家的教育方针，为社会主义现代化建设服务、为人民服务，与生产劳动和社会实践相结合，使受教育者成为德、智、体、美等方面全面发展的社会主义建设者和接班人。"相较于案件争议发生时所适用的法律条款，这些目标条款并无显著变化。

⑥ 武汉市中级人民法院〔2010〕武行终字第 184 号行政判决书。

原则的解释对司法不具有绝对的拘束效力。[81] 学位字 022 号文件属于行政解释，不能逾越高校自治的外在界限。同时，国家立法中规定的基本原则条款的解释与适用存在一些限制。如果不满足这些前提条件，这些法定原则就不宜作为校规审查的依据。

其一，对法定的基本原则的解释应当贯彻学术自治原则。教育的目标无法说明，授予学位等与学术目的相关的事项应当在校规中贯彻这些价值。何况，《学位条例》第 2 条宣示的价值从语义上无法涵括遵纪守法、道德品行的要求。"立法者是可以用法律形式提供一些规范框架，但这类框架应该只具有任意规定的效力，而不应具有强制力。"①

其二，对法定的基本原则的适用应当遵循目的适当原则。作弊或者受到纪律处分的行为与道德品行败坏不能简单地画等号。若作弊或受到纪律处分就不予颁发学位，高校的教育功能又如何体现呢？这与《教育法》和《高等教育法》所宣扬的立法目的相悖。

其三，法律原则的适用具有界限，即使构成要件事实全部符合原则，在判决中也不一定适用该原则。这是因为，在特定的事实情势中可能涉及不止一项原则，在考量给定的情势时必须确定哪项原则占据更大的权重。而那项"未被考虑的"原则，也不会因此就失去了效力。② 法律原则在对法律规则进行实质评价时同样需要与支持法律规则的某个或某些原则进行比较，衡量它们所代表的利益和价值"分量"的轻重。③ 以学位授予为例，除了"全面发展"的教育原则外，以学术自由为基础的高校自治原则显然遭遇忽视，盖作弊或纪律处分未必触及学术问题。

---

① 参见廖义男教授祝寿论文集编辑委员会编《新世纪经济法制之建构与挑战》，台湾元照出版公司，2002，第 116 页。

② 尼尔·麦考密克：《法律推理与法律理论》，姜峰译，法律出版社，2005，第 153 页。

③ 舒国滢：《法律原则适用中的难题何在》，《苏州大学学报（哲学社会科学版）》2004 年第 6 期。

第五章

高校学位授予标准的正当性逻辑

　　法律授权逻辑确立的初衷在于化解救济路径难题，延伸至高校学位授予标准的实体合法性判断，不但未能澄清为何授权的意涵，而且对法律授权与学术自治的关系处理模糊。从国家行政权的角度来理解法律授权，意图通过法律保留与比例原则来建构高校学位授予标准的正当性，忽视了法律授权的内在界限，混淆了法律授权与学术自治的关系，导致司法审查的约束松绑。法律授权难以借助法教义学来形塑对高校学位授予标准的约束，在行政主体制度得以根本变革之前，学位立法应当赋予学术自治独立价值，并确立程序和实体原则来监督学术自治。对高校学位授予标准的司法审查同样应当遵循程序合法性与实质合法性的双重标准。

一　问题的提出

　　高校学位授予标准的设定属于学位授予权的重要体现，也是高校行政案件的主要争议所在。[①] 将法律授权作为高校学位授予标准的正当性

[①] 以"学位授予"为全文关键词，在北大法宝上搜索到相关行政裁判 305 则，其中对高校学位授予标准进行审查的有 186 则，解决这些案件争议无法回避高校制定学位授予标准的正当性基础。

逻辑，一开始旨在化解救济路径难题，却扩展至高校校规的实体合法性判断，进而贯穿于学位授予标准的制定与适用过程。这种解决救济路径的便宜之计，不但未能回答"法律法规为什么要授权、在何种情况下授权、对谁授权等基本理论问题"，[1] 而且对法律授权与学术自治的关系予以模糊处理。

除了关乎司法实践，高校学位授予标准的正当性探讨对当下《学位条例》的修订亦具重要意义。有学者主张立法应当对学位授予标准做出更为明确的规定，"以缩减各高校过大的裁量权"，或要求高校学位授予标准"不得减损学生权利或增加学生义务"；也有学者主张国家立法仅需对学位授予质量进行"最低限度的控制"，这些都反映了高校学位授予标准正当性逻辑的分歧。[2] 学理上对此存在行政权说、自治权说与双重属性说，皆未能清晰地澄清法律授权与学术自治的关系。有鉴于此，本章试图以高校学位授予标准的争议为出发点，剖析现有法律授权逻辑的局限，进而澄清学术自治的内涵及其对约束高校学位授予标准的意义，最后提出如何完善对高校学位授予标准的监督。

二　学位授予标准的法律授权逻辑及其体现

（一）国家立法中的法律授权逻辑

高校制定学位授予标准的最直接依据，来自《学位条例暂行实施办法》第25条"学位授予单位可根据本暂行实施办法，制定本单位授予学位的工作细则"的规定。基于语义解释，高校对学位授予

---

① 饶亚东、石磊：《〈田永诉北京科技大学拒绝颁发毕业证、学位证案〉的理解与参照》，《人民司法·案例》2016年第20期。

② 主张限缩裁量的观点参见王春业《高校办学自主权与学生学位获得权的冲突与平衡》，《东方法学》2022年第1期；东南大学与中国政法大学提出的《学位法（修改建议稿）》。主张最低限度控制的观点参见湛中乐、李烁《论〈学位条例〉修订中的关键问题》，《中国高教研究》2020年第6期。

条件与程序的具体化立足于法律授权。《学位条例》第 8 条的学位由"国务院授权高等学校授予"与《教育法》第 22 条"国家实行学位制度"的规定，也被解读为学位授予权源于"法律法规授权"。① 而且，《行政诉讼法》第 2 条将行政诉讼的被告限定于行政机关和"法律、法规、规章授权的组织"，高校只有借助法律授权逻辑才能成为行政主体。

的确，上述规范为高校学位授予标准的法律授权逻辑提供了规范依据。在学理上，"行政权说"和"双重属性说"都坚持高校学位授予标准的授权逻辑。"行政权说"② 主张学位授予权是法律赋予的一种行政权，学位授予标准应当依法裁量，这种观点已不为司法实践承认，在学理上亦遭摒弃。"双重属性说"主张学位授予权"兼具行政权力和学术权利的双重属性"：③ 一则，通过国家许可获得学位授予资格；二则，基于法律授权行使权力，学位授予标准制定应当在法律保留的基础上通过学术自治予以细化。这种观点采行中庸之道，未清晰地澄清法律授权与学术自治的关系。

即便承认高校办学自主权，法律授权逻辑主张高校学位授予标准仅是立法赋予的细化空间，且空间十分有限。"学位授予单位对发表论文的要求属于额外要求，不属于高校办学自主权的范围，也不属于法律对学位授予的要求。"④ 基于学生学位获取权与平等权的保障，高校不得设定法律法规所没有明确的学位条件，甚至不得做出各具特色的差异化规定。有的学者虽然主张高校学位授予标准基于学术自由与大学自主管理，

①　参见石正义《法理学视野下的学位授予权》，《湖北社会科学》2005 年第 10 期。
②　参见周光礼《论学位授予行为的法律性质》，《科技进步与对策》2004 年第 3 期。
③　周佑勇：《法治视野下学位授予权的性质界定及其制度完善——兼述〈学位条例〉修订》，《学位与研究生教育》2018 年第 11 期。另参见张颂昀《学位授予标准设定权：基本内涵、核心争议与制度构设》，《中国高教研究》2021 年第 6 期。
④　王春业：《高校办学自主权与学生学位获得权的冲突与平衡》，《东方法学》2022 年第 1 期。

可以"千校千面"的形式呈现，但要求遵循法律保留原则与比例原则，①
这仍然没有跳出从国家行政权的约束机制来理解法律授权的逻辑。上述
观点实质上都是从国家行政权的角度来理解法律授权，将高校办学自主
权视为法律授权的结果。

似乎可预期的是，即便未来《中华人民共和国学位法》（以下简称
《学位法》）出台，法律授权仍是高校制定学位授予标准的形式根据。
《学位法草案》第 18 条延续了高校制定学位授予标准的法律授权。② 而
且，以法律授权为标准将高校等非政府组织作为行政主体，目前是实定
法上的不二法门。在 2014 年《行政诉讼法》修改过程中，有学者主张
把"社会组织的自治管理行为"作为法律授权之外的独立行政诉讼类
型，但未得到立法机关采纳。③ "自治权说"尝试突破法律授权的藩篱，
主张"高校学位授予标准设定权的法律属性实质是学术自由权"，并
"以不抵触原则低强度地审查学术标准"，④ 忽视了在宽泛法律授权下如
何进一步约束学术自治的问题。特别是司法实践中发展出来的"法律授
权 + 学术自治"的逻辑，产生了对高校学位授予标准司法审查的过度宽
松化倾向，值得警惕。

（二）司法实践中的法律授权逻辑

长久以来，我国对高校学位授予标准的司法审查确立了以法律授权
为核心的逻辑。较具代表性的观点指出："作为国务院授权的高等学校，
有权根据行政法规的授权规定制定本校的学位工作细则。"尽管承认学
位授予标准的"细化"属于学术自治的范畴，但却将学术自治视为了法

---

① 参见徐靖《论高等学校学位授予标准中的否定性条款》，《学位与研究生教育》2020 年第
2 期。
② 参见《中华人民共和国学位法草案（征求意见稿）》，中国政府网，http：//www. gov. cn/
xinwen/2021 –03/21/content_5594238. htm，最后访问时间：2022 年 5 月 1 日。
③ 参见何海波《关于〈行政诉讼法〉学者建议稿的说明》，《行政法学研究》2014 年第 2 期。
④ 刘璞：《高校学位授予标准设定权的法律属性与权利边界——兼论〈中华人民共和国学位
条例〉的修改》，《学位与研究生教育》2020 年第 8 期。

律授权赋予的空间。① 将高校行政纠纷纳入行政救济，始于"田永案"的裁判，后者主张高校"代表国家行使对受教育者颁发学业证书、学位证书的行政权力"。② 指导案例 38 号则进一步以"法律法规授权的组织"化解高校成为行政诉讼被告的难题。由于国家立法对行政主体的界定限于行政机关与法律、法规、规章授权的组织，法院便"顺理成章"地将学位授予视为法律授权的体现。这种将高校纠纷纳入行政救济的便宜之计，相当程度上影响了学位授予标准的实体审查，之后的司法实践大都因循法律授权的思路。

与在"田永案"中着眼于确定行政主体资格与救济路径不同，"授权逻辑"的适用拓展至学位授予标准的合法性审查，极具代表性的是"何小强案"的裁判。其指出"将英语四级考试成绩与学士学位挂钩在法律法规的授权范围之内，并没有违反《学位条例》第 4 条和《学位条例暂行实施办法》第 25 条的原则性规定"。③ 由于法律、法规对学位授予标准的规定具有原则性与纲领性，几乎所有的高校学位授予标准均可涵摄于法定要件之下，不难理解在"授权逻辑"之下，高校学位授予标准几无可能产生违法性。④ 根据学者对 2015 ～ 2018 年学位授予案件的研究，法院均认可了学位授予标准的合法性。⑤ "何小强案"被确定为指导案例 39 号后，"授权逻辑"在学位授予标准的实体审查中得到了普遍遵循。

值得注意的是，除了因循授权逻辑，指导案例 39 号还主张学位授

---

① 参见广州铁路运输中级法院〔2020〕粤 71 行终字第 2779 号行政判决书、最高人民法院指导案例 39 号。
② 北京市第一中级人民法院〔1999〕一中行终字第 73 号行政判决书。
③ 武汉市中级人民法院〔2009〕武行终字第 61 号行政判决书。
④ 认为校规违法的裁判也是基于授权逻辑，主张"细则是对《学位条例》和《暂行实施办法》规定的授予学位条件的细化和具体化，而不能超越《学位条例》和《暂行实施办法》的原则规定，增加与学业成绩及学术水平无关的限制条件"，参见济南市中级人民法院〔2011〕济行终字第 29 号行政判决书。
⑤ 参见王霁霞、张颖《设定学位授予条件的边界与标准——基于近三年 34 起学位授予案件的分析》，《学位与研究生教育》2018 年第 11 期。

予标准的制定属于"学术自治的范畴"，但就何为学术自治，学术自治与法律授权的关系如何等问题，法院并未进一步论证。后续的裁判大多采取模糊化处理的方式，将法律授权与学术自治并列为学位授予标准的正当性根据。较为典型的观点是，高校制定学位授予标准是法律、法规赋予其"在依法行使教学自主权和自治范围内对授予学士学位的标准进行细化"的权力，将学术自治置于法律授权之下。① 或许因为平均学分绩点、补考门数限制、纪律处分、受到治安处罚、论文送审评阅程序等事项是否被法定要件涵盖尚存争议，② 个别裁判也会淡化授权逻辑，强调学位授予标准的制定属于学术自治的范畴，进而回避对其进行实体审查。

我国立法对学位授予标准的宽泛授权，加上学术自治逻辑的引入，导致高校学位授予标准的合法性很少受到真正的拷问。"柴丽杰案"除了将高校与国家的关系首次延伸至高校与院系之间，还引发了院系学位授予标准的正当性与合法性争议。该案的一审裁判恪守学位授予标准的法律授权逻辑，一方面主张高校学位授予标准"来源于上位法的授权，并未违反《学位条例》和《暂行办法》的规定"，另一方面以"上海大学并未将经济学院应用经济学学科纳入另行制定科研成果量化指标的学科范围"为由，否定院系学位授予标准的合法性。亦因此，授权逻辑得以强化，"国家—高校—院系"之间的授权传导成为院系学位授予标准的正当性来源。与高校基于"学术自治"制定不违反上位法的学位授予细则不同，院系并不享有学术自治，而仅享有"制定具有本学科特点科研标准的自主性"。③

---

① 参见重庆市第五中级人民法院〔2020〕渝05行终字第514号行政判决书。
② 参见西安市碑林区人民法院〔2015〕碑行初字第00215号行政判决书、西安铁路运输法院〔2017〕陕7102行初字第856号行政判决书、济南市中级人民法院〔2020〕鲁01行终字第319号行政判决书、昆明市中级人民法院〔2018〕云01行终字第91号行政判决书、广州铁路运输中级法院〔2020〕粤71行终字第2828号行政裁定书。
③ 参见上海市浦东新区人民法院〔2019〕沪0115行初字第362号行政判决书。

三　将法律授权作为学位授予标准基础的检讨

将法律授权作为高校学位授予标准的合法性基础，忽视了法律授权的内在界限，产生学术自治的工具主义，导致司法审查的约束松绑。

（一）忽视法律授权的内在界限

将高校学位授予标准建立在法律授权之上，存在以下逻辑矛盾：其一，对法律授权分别从形式与实质上进行阐释，一方面以立法对高校制定学位授予细则的授权作为效力来源，另一方面又诉诸办学自主权或教学自主权，两者蕴含着潜在的冲突。"学位授予单位授予学位，既是行使国家法律规范授权的行政权力的行为，也是学术自由的一种体现"[①]的观点将法律授权与学术自由糅杂在一起，即是这种境况的现实注脚。其二，法律授权的概念一开始被运用于高校行政领域，旨在解决高校的行政主体资格问题，从程序层面移植到实体层面的结果是，高校学位授予标准被视为国家行政权的具体化。依此理解，由于高校对学位授予标准的设定会对学生的受教育权、就业权产生重大影响，国家立法应当符合法律保留原则与法律明确性原则，而非留给高校广阔的细化空间。相反，现行法律并未严格遵循这一原则，这从《学位条例》第 2～6 条规定的基本条件便可见一斑。即便是《学位法草案》，除了明确增加品行要件外，并未改变框架性立法的模式，立法仍然保持着一定的节制。其三，指导案例 39 号强调司法审查"不能干涉和影响高等学校的学术自治原则"，但对国家权力能否以及如何介入高校学术自治等问题却缺乏说明。

法律授权固然意味着高校的自主空间，却未能回答自身是否存在界限。在我国，办学自主权尚未转化为防范国家干预的请求权，属于国家

---

① 南宁市西乡塘区人民法院〔2011〕西行初字第 4 号行政判决书。

"自上而下"放权的结果，体现为"基于授权的学术自治"。然而，既然承认高校"根据各自的办学理念、教学实际情况和对学术水平的理想追求自行决定"学位授予标准，就蕴含着国家干预与学术自治的划分。①基于反向推理，属于学术自治范畴的活动，国家权力虽可进行合法性监督，但不得恣意干预，否则会构成对学术自治的侵害。一方面，国家干预要符合特定层级的法律保留，指导案例 39 号将此明确为"法律法规"，意图表明国家立法在学位授予上的位阶要求；另一方面，国家权力也要为学术自治留出一定空间，倘若不是规定"学术水平"、"成绩优良"等较为原则的条件，而是代替校规，统一要求学位授予须通过国家英语四级考试或公开发表论文，可能面临侵犯学术自治原则的质疑。②

而且，法律授权并不意味着没有边界的放权，其仍在国家立法层面上保留了监督，防止高校借助"学术自治"之名恣意设定学位授予标准。这是"宪法基本权利体系的内在制约使然"与"国家对学术水准和教育质量的内在要求"。③ 对高校学位授予标准的监督不只来自学位授予规范，还包括相关的法律制度与原则，诸如《高等教育法》第 4 条"德、智、体、美等方面全面发展"的教育方针、《普通高等学校学生管理规定》第 54 条的"教育与惩戒相结合"原则，及《学位条例》中蕴含的合议原则与平等原则。法律授权高校制定学位授予细则，并不能推出学术自治建立在法律授权的基础之上，否则无法解释授权为何存在内在界限。同样地，宽泛的法律授权本身未明确授权目的与原则，也不能推出高校学位授予标准不受法律授权以外的限制。

（二）混淆法律授权与学术自治的关系

自"田永案"以来，针对立法对高校的授权，司法更多地是从行政

---

① 参见最高人民法院指导案例 39 号。

② 参见伏创宇《国家监督与大学自治框架中的学术抄袭认定》，《行政法学研究》2020 年第 2 期。

③ 黄厚明：《基于法律保留原则的高校校规制定权限研究》，《高等教育研究》2018 年第 3 期。

救济的角度进行理解，从而将高校作为"法律、法规、规章授权的组织"纳入行政诉讼的受案范围，甚至认为高校制定校规源于立法的明确授权。即便承认高校的学术自治乃"自行确定学术评价标准的权利"，①也局限于"在法律法规的授权范围之内"。② 一味地坚守高校学位授予标准制定的授权逻辑，导致考试作弊等作为拒绝授予学位的情形，因可纳入法定的品行要件而具有合法性，加上对授权范围内的学术自治予以司法尊重的实践，使得学术自治在法律授权的名义下不当扩张。指导案例39号对法律授权与学术自治的关系做出了一定的回应，一方面指出高校制定学位授予标准处于法律法规的授权范围，另一方面主张"高等学校依法行使教学自主权"，在法定的授权与基本原则范围内确定学位授予标准属于"学术自治原则"的体现。

遗憾的是，学术自治与教学自主权的概念都未在国家立法中出现，指导案例39号也未进一步论证与阐释。我国立法对学位授予条件的设定采用了"成绩优良"、"学术水平"、"做出创造性的成果"等诸多不确定的法律概念，高校对学位条件的具体化几乎可以统摄于这些概念之下，高校校规对立法属于"细化"还是"创设"的区分便无多大意义。③ 因此，指导案例39号采用的"法律法规授权""细化"表述，并不意味着学术自治根源于法律授权且只是对国家立法的细化。国家立法针对学位授予事项授权校规制定细则，毋宁要求高校在国家立法的框架下，通过学术自治实现"各自的办学理念、教学实际情况和对学术水平的理想追求"。④ 淡化法律授权而诉诸教学自主权，在指导案例39号之后的个别

---

① 参见新疆维吾尔自治区高级人民法院〔2019〕新行申字第30号行政裁定书、武汉市中级人民法院〔2010〕武行终字第108号行政判决书。

② 广州铁路运输中级法院〔2020〕71行终字第1815号行政判决书。

③ 实践中有将"学术水平"的法定概念扩大解释为涵盖学术品德、思想品德，属于法律解释方法的错误运用，参见南京铁路运输法院〔2018〕苏8602行初字第1205号行政判决书。

④ 参见最高人民法院指导案例39号。

裁判中凸显出来。① 有的甚至摆脱授权规范，"根据依法自主办学和民主管理的原则"② 重新定义高校设定学位授予标准的正当性。学理上也有主张法律授权"事实上是对高校所享有的学位授予标准制定权利的确认"。③ 由此可见，从国家行政权的角度来理解法律授权产生学术自治的工具主义，学位授予标准制定的授权逻辑无法澄清为何、何时与对谁授权的根本性追问，同时，法律授权也不足以回答学术自治应当受到何种法律约束的问题。

（三）导致司法审查的约束松绑

法律授权逻辑还强化了对高校学位授予标准审查的消极立场。高校学位授予标准既涉及发表论文、平均学分绩点、国家英语考试成绩、国家计算机考试成绩、普通话水平、修业年限、学位论文评阅与答辩程序等学位授予的积极要件，也涉及考试作弊、受到纪律处分、补考次数限制、重修学分要求、末位淘汰、学术不端、不予补授学位等消极要件。总体而言，高校学位授予标准在行政诉讼中极难被认定为违法，指导案例 39 号发布后更是如此。实践中形成了"法律授权"与"法律授权 + 学术自治"两种不同的司法审查方式。

一种是以"法律授权"本身作为司法审查的基础，旨在考察高校学位授予标准是否"超出法律、法规的授权范围"，④ 这在指导案例 39 号发布之前较为常见。⑤ 这种司法审查方式本可分化为"不抵触法律标准"与"具有法律依据标准"，但前者得到普遍适用，且从未有高校学位授

---

① 参见济南市中级人民法院〔2020〕鲁 01 行终字第 319 号行政判决书。

② 扬州市中级人民法院〔2020〕苏 10 行终字第 62 号行政判决书。

③ 杨铜铜：《高校学位授予标准的合法设定——兼论〈学位条例〉的修订》，《东方法学》2020 年第 3 期。

④ 参见沈阳高新技术产业开发区人民法院〔2020〕辽 0192 行初字第 72 号行政判决书、武汉市中级人民法院〔2010〕武行终字第 184 号行政判决书。

⑤ 仅有个别裁判从"教育管理自主权"来解读高校学位授予标准的合法性，参见天津市高级人民法院〔2004〕津高行终字第 0044 号行政判决书与天津市高级人民法院〔2005〕津高行终字第 0002 号行政判决书。

予标准被认定违法，而后者鲜被采用，一般用于否定高校学位授予标准的合法性。① 由于国家立法的框架性与原则性，"具有法律依据标准"的适用困难重重，即便有两则裁判主张将记过与学位授予挂钩"没有上位法的依据"或"增加了授予学士学位的授予条件"，由于法律依据的纲领性与原则性，被终审裁判以"并未违反"学位授予的品行要件为由推翻。②

另一种采取了"法律授权＋学术自治"为司法审查基础的方式，在指导案例 39 号之后较为普遍。一则指出高校学位授予标准的制定来自法律授权，二则指出高校对学位授予标准的"细化"属于学术自治范畴，法院应当予以尊重，为"不抵触法律标准"的适用进一步增添了说服力。"符合社会公知的学术评价标准，亦是高等学校行使教育管理自主权的体现，并不违反学位条例关于授予学士学位的原则性规定"③，即是这一审查方式的典型体现。宽泛的法律授权加上"学术自治"的引入，强化了对高校学位授予标准的司法尊重。而且，审查的依据限于学位授予的相关条款，包括成绩要件、学术要件与品行要件，合法性审查在国家立法的纲领性与原则性下不会受到挑战。

在指导案例 39 号发布后的 118 则裁判中，仅有 3 则生效裁判对高校学位授予标准的合法性做出否定评价，主张"将学位授予与学生违规行为的处理直接挂钩不符合《学位条例暂行实施办法》的立法目的"或"混淆了学位授予与学生管理的边界，有悖学位授予的根本目的"。④ 这

---

① 参见济南市中级人民法院〔2011〕济行终字第 29 号行政判决书、莆田市城厢区人民法院〔2010〕城行初字第 22 号行政判决书。

② 参见广州铁路运输中级法院〔2018〕粤 71 行终字第 297 号行政判决书、广东省高级人民法院〔2018〕粤行申字第 1488 号行政裁定书；济南市历下区人民法院〔2017〕鲁 0102 行初字第 259 号行政判决书、济南市中级人民法院〔2020〕鲁 01 行终字第 319 号行政判决书。

③ 河北省高级人民法院〔2019〕冀行申字第 747 号行政判决书。

④ 参见抚顺市中级人民法院〔2019〕辽 04 行终字第 237 号行政判决书、广州铁路运输中级法院〔2016〕粤 71 行终字第 1826 号行政判决书、沈阳市中级人民法院〔2017〕辽 01 行终字第 335 号行政判决书。

种审查方式意识到不论是法律授权还是学术自治，都不足以形塑对高校学位授予标准的法律约束，审查依据已从学位授予的相关授权规范拓展至其他法律原则与规范。这释放出对高校学位授予标准加强司法审查的积极信号，遗憾的是这种立场仅代表司法实践的极少数。虽然对高校学位授予标准做出合法评价的个案比例不足以说明什么，但法律授权与学术自治的结合显然加剧了司法审查的宽松化倾向。

四　学术自治作为学位授予标准基础的意义

学位授予标准蕴含的学术自治已是理论与实践中的共识，但仍普遍被理解为从属于法律授权，法律授权尚不足以形塑对学位授予标准的约束。这有必要进一步澄清学术自治作为学位授予标准基础的意义。

（一）学术自治的规范基础

将学术自治引入高校学位授予标准的正当性论证之中，在立法上可诉诸《高等教育法》第11条的"依法自主办学"、第34条的自主"组织实施教学活动"，及《教育法》第29条赋予学校"按照章程自主管理"的权利。指导案例39号提出"由各高等学校根据各自的办学理念、教学实际情况和对学术水平的理想追求自行决定"学位授予标准，在实践层面上很难追溯至我国《宪法》确立的科学研究自由。

我国《宪法》第47条规定的"公民有进行科学研究、文学艺术创作和其他文化活动的自由"作为学术自由的宪法依据已形成较大共识，且通过《高等教育法》第10条获得了立法的保障。[①] 学术自由在《高等学校学术委员会规程》、《高等学校章程制定暂行办法》《学位法草案》，

---

① 相关的代表性研究，参见朱芒《高校校规的法律属性研究》，《中国法学》2018年第4期；贺奇兵《国家教育立法对高校校规的规范效力》，《法学》2019年第4期。

以及一些大学章程中得到明文承认。① 该权利的主体仅指向公民，但不能排除高校与院系一样基于教师的学术自由享有学术自治。由于最高人民法院的基本立场是裁判文书不得引用宪法作为裁判依据，② 加上学术自由的内涵模糊，鲜有法院基于基本权利来阐释学术自治，指导案例 39号也绕过了对学术自治的论证。即便有法院主张学位授予细则的制定"属于学校学术自由和办学自主权的范围"，③ 或者"学术水平是否符合要求，属于学术自由范围"，④ "学术评价毕竟涉及高校自治权限，属于学术自由的范畴"，⑤ 也是含糊其词，未予进一步阐释。

在法律授权与学术自由之外，诉诸立法确立的高校办学自主权与教学自主权更能为司法审查提供恰当的法律依据。学位授予标准的制定在形式上来自法律授权，实质上源于高校依照《教育法》第 29 条享有"按照章程自主管理"、"组织实施教育教学活动"的权利，及《高等教育法》第 11、34 条蕴含的教学自主权。相较于法律授权逻辑，立足于法定的自主权利来论证高校学位授予标准的合法性，试图摆脱仅将高校作为国家代理人的立场固然值得肯定。然而在现行法律体系下，法律授权很难承载高校学位授予标准消极合法性约束以外的价值，学术自治也被限缩为不受管控的空间与司法消极的工具。一则，学位立法具有纲领性，未对学位授予标准制定的学术自治设定具体约束。指导案例 39 号将合法性审查限定于不违反授权条款与学位授予相关的法律根据，但后者几乎未有具体限制，使得学位授予标准的合法性监督形同虚设。二则，学位授予标准的宪法基础难以在实践中落实。法院对学术自治的解读局限于

---

① 参见《复旦大学章程》第 20 条、《中南财经政法大学章程》第 51 条，《学位法草案》也提到"坚持学术自由与学术规范相统一"。

② 参见最高人民法院《人民法院民事裁判文书制作规范》（法〔2016〕221 号）、《关于在刑事判决中不宜援引宪法作论罪科刑的依据的复函》。

③ 广州铁路运输中级法院〔2018〕粤 71 行终字第 297 号行政判决书。

④ 南宁市西乡塘区人民法院〔2011〕西行初字第 3 号行政判决书。

⑤ 福州市仓山区人民法院〔2016〕闽 0104 行初字第 367 号行政判决书。

立法层面，而现行立法并未明确学术自治的意涵与内容。三则，学术自治在现行立法框架下的法律意义有限。依据《高等教育法》第 11 条，高校的学术自治仅能"依法"享有，不具有对抗立法权的法律意涵，虽然可解释为防止行政决定与司法裁判的不当干预，但是缺乏如何发挥学术自治功能的立法指引，以至于形成司法实践矫枉过正的局面。

（二）学术自治的规范意涵

学术自治并非法定概念，高校学位授予标准的正当性逻辑应当在学术自治与办学自主权之间建立法律意义的关联。从理论上而言，办学自主权在立法上的承认源于宪法上的学术自由，个体的学术自由应当通过学术自治的组织与程序来予以保障，既要防范国家公权力对学术自治的不当干预，又要通过内部组织与程序避免学术上不适当（Wissenschaftsinad äquat）的决定。① 为维护学术品质与人才培养质量，高校对学位授予条件予以具体化乃保障学术自由的体现。学位授予标准制定的法律授权并非将学术自治置于法律授权之下，而是为高校的学术自治留下空间，借助学术自治实现高校特色发展，提升学位授予的质量。评价博士学术水平固然如"柴丽杰案"一审裁判所言，"需要学位授予单位、教育管理部门和学子们共同推进"，做到科学合理，但如果以学术自治的名义放弃对高校学位授予标准的监督，显然扭曲了学术自治的规范意涵。学术自治本身不构成终极目标与价值，相反，学术自治还会产生功能不彰与自治异化的问题。

功能不彰是指高校学位授予标准的制定与适用没有贯彻学术自治原则。如由高校教务处制定学位授予细则，设定英语四级成绩、学分、受到纪律处分等肯定性或否定性要件，在"武资晰与西安石油大学不履行授予学士学位法定职责上诉案"中，法院认为"对其界定和解释均属于西安石油大学学术自治范畴，司法不应过多予以干预"，值得商榷。虽

---

① Vgl. BVerfG, Urteil vom 29. 5. 1973 – 1 BvR 424/71u. 325/72.

然高校教务处制定学位授予标准不违反《学位条例暂行实施办法》第 25 条的法律授权，但有违背蕴含于国家立法之中的学术组织规定与合议制原则的嫌疑。[①] 尽管《高等学校学术委员会规程》仅属于规章，其在第 15 条明确学位授予标准应经学术委员会审议。类似的还有高校规定由导师和学院学位评定分委员会主席在申请人的学位论文附条件通过答辩后，审查修改情况并签署认定意见，作为是否启动学位评定分委员会审议的前置程序，法院同样主张属于学术自治且不违反国家立法。[②] 这形同于由个人进行学术评价并实质上做出不授予学位的决定，凸显了放弃对学术自治进行监督的危险。

自治异化是指高校学位授予标准的制定在形式上贯彻学术自治，却产生实质合法性的问题。如针对考试作弊、受到记过处分与学位授予挂钩，在指导案例 39 号之前尚有认定违法，[③] 但之后的案件全部被法院驳回，"法律授权 + 学术自治"的司法裁判逻辑导致的法律约束逃逸值得警惕。《高等教育法》第 4 条着眼于"德、智、体、美等方面全面发展"的教育原则，《普通高等学校学生管理规定》第 54 条规定的"教育与惩戒相结合"原则，实质上都对高校学位授予标准的内容予以限制，因一次校内考试作弊即拒绝授予学位恐怕不能直接归入学术自治，品行要件具体化须遵循全面评价与教育优先原则。[④]

因此，高校在学位授予标准上的学术自治不仅是为了实现大学的特色发展，还具有自身独立的意义，以防范大学自治功能不彰和自治异化。学位授予标准的学术相关性、制定主体组成的专业性、制定程序的合议

---

① 参见西安铁路运输中级法院〔2018〕陕 71 行终字第 82 号行政判决书。
② 参见南宁铁路运输中级法院〔2020〕桂 71 行终字第 298 号行政判决书。
③ 参见青岛市中级人民法院〔2016〕鲁 02 行终字第 273 号行政判决书。
④ 非学术标准的设定蕴含培养什么人才的评价，仍属学术自治的范畴，受到相关法定原则的约束，有学者将之归入"管理自治"并主张适用法律保留，这种观点存在逻辑矛盾。参见杨铜铜《高校学位授予标准的合法设定——兼论〈学位条例〉的修订》，《东方法学》2020年第 3 期。

性，无不体现了学术自治的内在限制。《高等学校章程制定暂行办法》第 4 条也蕴含了"完善学校自主管理、自我约束的体制、机制"的要求。此外，《高等教育法》第 11 条确认的"自主办学"并非没有边界，而是应当"依法"进行，指导案例 39 号也强调学位授予标准"在法定的基本原则范围内确定"。即便高校制定学位授予标准享有学术自治，仍须受到国家的依法监督。换言之，学术自治不只意味着自主空间，还伴随着自律义务与法律授权之外的国家监督。

（三）学术自治的规范形态

学术自治并非拘泥于某一固定的形态，而是包含了变革与发展的可能性。如《日本宪法》第 23 条规定的学术自由的重要保障，乃通过《学校教育法》第 93 条课以大学设立教授会的义务实现。该种以教授为中心的合议制机关一般设在各院系，尽管 2014 年修法使得教授会作为学位授予等重要事项的决定机关降格为校长的意见咨询机关的这一做法遭到弱化学术自治的批评，但学院层面的学术自治仍备受重视，进而保障各种学术领域的专业性审议。[1] 为回应竞争压力，提升大学内部组织的运行效率，德国很多州修改高等学校法，引入更强有力的大学领导机构而弱化学术自治，联邦宪法法院在相关诉讼中认定这种做法并不当然构成对学术自由的侵害，而是审查高校组织的整体结构，是否已赋予学术活动者足够的影响与控制可能性，从而确保组织决定的"学术适当性"（Wissenschaftsiad äquanz）。[2]

如何形塑高校的内部关系与自治范围，立法机关与高校在平衡教育任务、办学绩效、治理结构与学术自由等不同价值与利益的基础上具有形成的空间。我国《宪法》第 47 条并未预设特定形态与程度的学术自

---

[1] 参见李仁森《日本之学术自由与大学自治》，《教育法学评论》2018 年第 1 期。

[2] 参见陈爱娥《德国大学创新转型之法制规范概述——以德国公立大学内部组织改革为观察重心》，载杨国赐、胡茹萍主编《大学创新转型发展》，台北高等教育文化事业有限公司，2016，第 11 页。

治,《学位条例》及其实施办法的宽泛授权也未要求通过更有利于保障学术适当性的院系学术自治来实现。依据《高等教育法》第 28 条,"内部管理体制"属于高校自主确定的事项。就学术授予标准的制定而言,实践中存在"校学术委员会"、"校学位评定委员会拟定 + 校学术委员会审定"、"校学位评定委员会"与院系学术组织等不同模式。① 这意味着,高校在特定法律框架下有权选择采取何种方式,通过学术自治来践行学位授予标准具体化的法律授权。只要不损害学位授予标准确立的"学术适当性",高校就有权在法律授权划定的学术自治空间内,通过主体与程序安排来实现学术自治。

高校在学位授予标准内容上享有一定的自主空间,应当"依法"具体化。尽管立法可以依据《高等教育法》第 11 条来调整内容上的限制,但不宜过度干预,否则实现自主办学与学术自治将形同具文。《学位条例》、《学位条例暂行实施办法》在立法上赋予了高校较为广泛的具体化空间,《学位法草案》也展示出"给予高校更多办学自主权和学术自治权"的倾向。学理上仅以保护受教育权、获得学位的权利为由主张立法对学位授予标准内容做出更为明确的规定,值得商榷。获得学位能否作为权利,学位授予是否对应受教育权予以保护尚有争议,② 更何况学位申请者的权益还需与学术自治背后的教学自主权平衡,立法密度的加强毫无疑问会造成利益保护的失衡。面对学术自治功能不彰与自治异化,"依法"不只是通过法律规范干预,立法确立相关法律原则不仅能避免限缩学术自治空间,还能发挥国家监督功能。

---

① 分别参见《中国人民大学章程》第 32 条,《南京理工大学章程》第 31、34 条,《中南大学章程》第 16 条。

② 有观点主张,对公民享有与学术自由无直接关联的其他基本权利进行限制,才适用法律保留。参见倪洪涛《论法律保留对"校规"的适用边界——从发表论文等与学位"挂钩"谈起》,《现代法学》2008 年第 5 期。

五　完善对高校学位授予标准的监督

总体上而言，在法律授权之外强调学术自治的独立价值具有积极意义。学术自治的工具化使得学位授予标准的设定异化为国家行政权的裁量运用。行政裁量本应依法通过明显不适当标准予以监督，但实践又以学术自治为名予以尊重而背离法律授权逻辑。法律授权本身不足以形塑对高校学位授予标准的约束，应对的方法既包括从根本上变革行政主体制度，也包括从立法层面上确认学术自治原则与其他法定原则，在消极的法律授权外积极对学位授予标准形成实质合法性约束。这对学位立法完善与高校行政争议解决具有重要的启示意义。

（一）　高校学位授予标准的监督基础重塑

"法律、法规、规章授权"旨在将高校等公共行政主体纳入行政诉讼，着眼于"诉讼主体模式"的构建，发端于国家行政的一元体制。诉讼法层面的定位对高校学位授予标准实体合法性的有限延伸，是产生高校学位授予标准监督困境的症结所在。

首先，法律授权逻辑难以适用于高校行政这类非传统的行政类型。法律授权在《行政处罚法》、《行政许可法》等涉及秩序行政的立法中，受到"在法定授权范围内"的限制，同时所授予的就是国家行政权，国家立法对此提供了法律保留与比例原则的约束，《行政许可法》第23条也明确"被授权的组织适用本法有关行政机关的规定"。与一般行政的法律授权不同，学位授予标准的立法旨在为高校留下更广泛的具体化空间，赋予的并非一般行政权，不但未明确授权范围、程序与原则，而且法定的学位授予标准具有一定的纲领性与原则性，如"成绩优良"、"学术水平达标"，《学位法草案》规定的品行要件，如"遵守宪法和法律"亦是如此。高校学位授予标准极易满足合法性要求，产生法约束松绑的危险。

其次，现行行政救济法律制度围绕科层制下行政权的监督展开，未关照到高校学位授予标准监督的特殊性。一则，高校学位授予标准并非行政机关制定，既不属于《行政诉讼法》第53条规定的可提起附带审查的"规范性文件"，也不能照搬规范性文件的审查标准。二则，《行政诉讼法》第70条的"滥用职权"和"明显不当"的标准针对的是具体行政行为，并未在实践中作为学位授予标准与学位授予决定的监督依据。取而代之的是消极的实体合法性约束，即不违反法律授权，或者以学术自治为由避免触及高校学位授予标准的实质合法性判断。同样是非传统行政机关所制定的行业规范，《律师法》则通过实体法制度明确其"不得与有关法律、行政法规、规章相抵触"。

此外，法律授权拘泥于学位授予标准的授权根据约束，忽视了内部自律与监督的重要价值。高校所拥有的分权与自治的行政利益，在国家代理意义的诉讼主体框架下被抹杀。① 相较于代理主体通过法律授权来确定相应的权利义务关系，在法律授权之外，分权主体对学位授予标准的制定则需进一步探寻合法性根据。尽管学术自治已得到理论与实践的承认，但相较于法律授权具有从属性，仅被界定为法律授权所赋予的不容置喙的空间，进而排除司法监督。

这意味着，法律授权仅具有将高校纳入司法审查的诉讼法意义与有限的实体法意义，尚不能对高校学位授予标准的正当性做出充分解释。在我国行政救济层面的行政主体及司法审查制度未有根本变革前，高校学位授予标准的正当性还需诉诸学术自治，这也使其区别于行业协会的规范。② 尽管学术自治已得到理论与实践的承认，并能从《高等教育法》第11条的办学自主权规定，甚至《宪法》第47条的科学研究自由条款

① 参见薛刚凌《多元化背景下行政主体之建构》，《浙江学刊》2007年第2期；林鸿朝《党政机构融合与行政法的回应》，《当代法学》2019年第4期。
② 如《律师法》第43条规定，律师协会"是律师的自律性组织"，没有采用自治的概念，意味着律师协会规范与高校学位授予标准的正当性不可相提并论。

推论出来，但其独立价值在司法实践中未得到承认，相较于法律授权具有从属性。"以传统上下行政阶层的理解无法掌握学术以及学术行政，而须以合作与合议原则才能加以掌握。"[①] 在法律授权逻辑之下，学位授予标准的设定拘泥于是否违反法律授权与国家立法，既不追问授权的目的，也不关心如何实现学术自治，使得学术自治的实质合法性遭到忽视。为避免高校滥用学术自治，应当通过法定的程序原则与实体原则来进行约束，进而在保留高校自主空间的同时保留国家监督。

（二）高校学位授予标准的立法监督完善

将学术自治置于法律授权之下，导致学术自治行政程序化，严重地限缩了学术自治的内涵。法律授权理论在相当程度上限制了对高校学位授予标准的约束，学术自治也并非法定概念。从《高等教育法》发展出来的"办学自主权"或"教学自主权"内涵模糊，法院在裁判中怠于对此进行阐释，甚至普遍将其解读为立法赋予的决定空间，指导案例 39 号中"在符合法律法规规定的学位授予条件前提下……自行决定"的表达即是例证。至于诉诸学术自由的限制来约束高校的学位授予标准，迄今只是理论上的教义学主张，我国法院受制于司法政策与消极立场，对此难以透过基本权利体系予以澄清。因此，加强高校学位授予标准的监督，首要的是通过立法完善行政主体制度与学术自治的监督原则。

在立法上完善行政主体制度。在我国，公立高校属于事业单位法人，民办高校属于营利法人或非营利法人，这些定位旨在确立高校的民事主体资格，而要将公立与私立两种类型的高校纳入司法审查，只能在现行法律框架下借助法律授权。这导致实践中办学自主权只能依附于法律授权，甚至由于办学自主权与法律授权的界限模糊，阻碍将高校决定与规

---

① 施密特·阿斯曼：《行政法总论作为秩序理念——行政法体系建构的基础与任务》，林明锵等译，台湾元照出版公司，2009，第 147 页。

则纳入司法审查。① 行政诉讼被告确定的标准虽不能直接作为界定行政主体与判断行政行为合法性的基础，但后者往往难以摆脱前者的影响。若要改变高校在学位授予标准制定上仅作为国家代理人的尴尬局面，势必要调整高校的公法地位。从立法上确立高校为享有自主权利与义务的公法人，避免仅以是否违反法律授权来判断高校学位授予标准合法性的局限。至于采用何种公法人类型，则有多种域外模式可供借鉴，如德国的公法社团法人与公法财团法人、法国的公务法人、日本的行政法人，不同模式下享有学术自治的程度存在差异，立法在考虑社会角色、制度环境和利益安排等各种因素的基础上享有形成空间。② 总的思路是要完善行政主体制度，承认高校作为公法人拥有公法权利与义务。进而，高校学位授予标准不仅要遵循法律授权，还需贯彻高校作为公法人应当积极履行的自我规制义务。

在立法上明确承认学术自治。如何在法律授权之外构建高校学位授予标准的约束机制，是应对当下《学位法》制度建构与争议解决的重要议题。在行政主体制度得以变革之前，透过其他配套的立法设计，也不失为发挥学术自治独立价值与落实国家监督的一个办法。与德国一些州通过立法直接对学位授予标准的制定主体与程序进行规定不同，③ 我国立法除了对学术组织进行个别规定外，未直接针对学位授予标准的制定

---

① 有法院即以论文评阅属于"高等学校基于办学自主权，自主开展的教学活动行为"，拒绝将其纳入司法审查范围，参见广州铁路运输中级法院〔2020〕粤 71 行终字第 2828 号行政裁定书。律师协会的定位存在类似问题，有法院主张律师协会并非国家行政机关，法律规定其有"对律师、律师事务所实施奖励和惩戒"及"受理对律师的投诉或者举报"等职责，是律师协会进行行业自律性管理的行为，并非法律授权的行政行为。参见来宾市中级人民法院（2021）桂 13 行终字第 49 号行政裁定书。

② 参见湛中乐、苏宇《论大学法人的法律性质》，《国家教育行政学院学报》2011 年第 9 期。

③ 如由教授占多数的合议制组织——学院委员会（Fachbereichskonvent）讨论通过，并经校长批准发布。Gesetz über die Hochschulen und das Universitätsklinikum Schleswig – Holstein, Landesregierung Schleswig – Holstein, https：//www. gesetze – rechtsprechung. sh. juris. de/jportal/? quelle = jlink&query = HSchulG + SH + Abschnitt + 3&psml = bsshoprod. psml&max = true, 最后访问时间：2022 年 4 月 23 日。

进行具体约束，院系标准授权更是依赖高校校规的供给，甚至仅有授权而无具体规定。① 与此相应地，指导案例 39 号确定了对学位授予标准的合法性审查原则，遵循不违反国家立法的"不抵触标准"，强调"司法审查不能干涉和影响高等学校的学术自治原则"，却回避了学位授予标准是否贯彻学术自治原则，及学术自治的内涵是什么等问题。

司法实践中的"学术自治原则"内容空洞，沦为了司法尊重的工具，因而有必要借助《学位法》的修订明确学位授予遵循学术自治原则。尽管现行法律对此已有所体现，如学位授予事项应当由学术组织通过合议制予以决定，蕴含在《学位条例》、《学位条例暂行实施办法》等法律之中，但学理上与实务见解并未将学术自治作为高校学位授予标准的约束基础对待。这意味着，司法的保守性导致其不足以发挥监督高校学位授予标准的功能，由学位立法明确学术自治原则与相关监督标准势在必行。

一方面，学术自治原则包括合议原则、专业原则与参与原则。② 合议原则要求学位授予标准的制定与内容体现民主集中制，由学术组织通过合议制对学位授予事项做出决定。专业原则要求教师在学术组织中具有突出地位，该类主体与学术事务最密切相关，具有一定的学术素养，承担着大学的教学与研究任务，因而对大学功能与人才培养担负更多责任，更有利于保障学位授予标准与决定的适当性。参与原则强调特定利益群体在学位授予事项上的参与，受影响的群体应当具有表达意见甚至适度参与标准制定与学位授予决定的权利。《学位条例》的修订应当在基本原则条款明确"落实学术自治，遵循正当程序"。

另一方面，监督标准应当具有原则性，避免过度干预高校在学位授

---

① 参见《清华大学研究生申请学位创新成果标准规定》（清校发〔2020〕11 号）。该文件第 7 条规定："分委员会具体规定应当报学校学位评定委员会核准，自学校学位评定委员会核准之日起执行。"

② 参见伏创宇《高校行政案件中正当程序适用的困境与基础重述》，《求索》2020 年第 4 期。

予标准设定上的自主性。为保障学位质量，《学位条例》的修订只需针对学业成绩、学术水平或专业水平、道德品行设定基本要件，而不能限制高校在基本条件之上做出更高要求。不同于域外，借助《宪法》上的基本权利条款来澄清学术自治的内容边界，对我国而言缺乏现实意义，因而借助《学位法》的完善在立法上补强制度约束乃更为适当的路径。高校学位授予标准不因学术自治而豁免法律监督，除了不违反法律规范外，还须受到法定的基本原则约束，包括禁止不当联结原则、公正原则与平等原则。与有学者主张通过比例原则展开合理性审查不同，[①]这些法定原则源于立法上学位授予标准的设定目的、公正评价以及区别对待要求。

（三）　高等学位授予标准的司法监督完善

相较于一般行政领域的规范性文件可受到"明显不适当"审查，基于对学术自治的尊重并遵循指导案例 39 号确立的合法性审查原则，法院对高校学位授予标准的监督不应介入合理性问题。学位授予标准的合法性约束不能拘泥于法律授权与"不抵触国家立法"的形式合法性，还应当遵循程序与实体的实质合法性要求。学术自治不能豁免学术自治原则的内在限制与来自国家的依法监督。

在程序合法性上，学位授予标准应当受到何种约束，国家立法与高校校规都拥有形成的空间。作为司法审查者的法院，既要避免侵害立法机关与高等学校在学位授予标准制定程序上的塑造空间，又要保障学位授予标准的制定遵循学术自治的原则与意旨。程序约束不仅旨在调和学术自治与学生重大权益事项之间的紧张关系，更在于落实学术自治。学位授予标准的程序约束包括通过学术组织的合议机制做出决定，该学术组织体现了教师的主体地位，及相关利益群体的意见表达权得到最低限

---

① 参见徐靖《硕士学位授予标准中的资格论文要求：法理"三问"与法治化路径》，《学位与研究生教育》2020 年第 9 期。

度的保障。一则，学位授予标准的制定应当遵循正当程序。如未听取学生群体意见，① 或者规定"博士生导师有权根据自身研究方向特点制定高于上述基本要求的博士生发表论文标准"，② 分别违反了参与原则与合议原则。二则，学位授予标准的适用不得违反正当程序。如立法未明确高校学位评定委员会对答辩委员会、学位评定分委员会进行何种审查，有高校通过细则明确为适当性审查或明显不适当审查，③ 发生争议后法院却以学术自治为名主张"司法权不能过分干预学术自由"，有待商榷。④ 学位评定委员会的专业审查能力较弱，审查对象的数量广泛，及申请人的参与不足，与形式审查职责更相匹配，法院应当运用组织原则与程序原则对相关学位细则展开审查，以保障学术决定的适当性。

在实体合法性上，法院不能为了避免介入学术自治，对高校校规仅遵循是否违反国家立法的合法性审查。禁止不当联结原则是指高校学位授予标准的设定，应当与法定学位授予目的之间具有合理联结。高校将考试作弊、受到纪律处分等设定为学位授予的否定性要件，法院大多以尊重学术自治为由肯认其合法性，忽视了禁止不当联结原则的适用。有裁判"对考试作弊行为的具体情节以及悔改表现等不加区别，一律认定为'品行不端'，其合理性值得商榷"。⑤ 笔者认为应转换为依据法定原则审查更为妥当，以避免陷入合理性审查的旋涡之中。

公正原则源于《教育法》第43条，受教育者"在学业成绩和品行上获得公正评价"，要求学位授予条件的设定应当公正，不得限缩法定

---

① 有高校明确规定学位授予办法的制定应当听取学生代表大会的意见，参见《天津大学章程》第52条。

② 参见《理学院关于2018级博士研究生学位授予的科研成果量化指标》，上海大学理学院网站，http://www.scicol.shu.edu.cn/yjsjy/yjsxw.htm，最后访问时间：2021年2月22日。

③ 参见《中国政法大学学位评定委员会章程》（法大发〔2013〕86号）第11条、《广西大学研究生学位工作管理办法（2020年修订）》第11条。

④ 参见南宁市西乡塘区人民法院〔2011〕西行初字第4号行政判决书。

⑤ 参见广州铁路运输中级法院〔2018〕粤71行终字第297号行政判决书。有裁判主张考试作弊与违反学术道德缺乏法定联结，参见青岛市中级人民法院〔2016〕鲁02行终字第273号行政判决书。

标准的评价方式。已有法院运用公正原则进行审查，主张高校学位授予细则"明确了对受处分者在一定条件下可以降低处分等级，完全给予了受到留校察看及以上处分者获得学士学位的机会"，① 值得肯定，但仅为个案。以发表论文要求为例，其与法定的"学术水平"、"在科学或专门技术上做出创造性的成果"（《学位条例》第 6 条）标准之间具有相关性，只要不违反学位授予标准制定的正当程序，是否设定，及对刊物级别、发表数量的要求属于学术自治的范围，不受适当性审查。但发表论文受到期刊数量、刊物风格、选稿机制、审稿与发表时间等各种因素影响，亦非评价学术水平的唯一方式，如果缺乏替代考察方式则违反公正原则。实践中已有高校意识到，规定"学位论文是进行学位评定的主要依据"，而"相关学术成果可以作为评价学位论文水平的重要参考"。②

平等原则要求高校学位授予标准满足国家立法设定的相同对待与区别对待要求。主审学位授予案件的法官曾表达对学术自治的担忧，指出学位授予"是一项学术性极强的行为，涉及学术自由，高校不能无限制地提高这个标准"，③ 法律框架下平等原则的适用可为此提供约束，且无须脱离合法性审查。实践中已有先例，针对高校在学位申请人入学后删除受到记过不授予学位的规定，法院主张不同年级学生按不同版本的实施细则执行"违背平等的法律基本原则"。④ 立法对学位授予确定的学术要件与品行要件具有平行性，不能相互替代，对受到纪律处分者获得学位设定明显更高的学分绩点要求，或者要求"毕业时要考取研究生或公务员"，有违平等原则，不能一味地归入学术自治。⑤ 此外，立法区分了

---

① 参见苏州市中级人民法院〔2019〕苏 05 行终字第 343 号行政判决书。

② 参见《清华大学研究生申请学位创新成果标准规定》（清校发〔2020〕11 号）。

③ 杜豫苏、阿尼沙：《涉及学位证的行政诉讼　法院应否受理?》，《人民司法·案例》2007 年第 8 期。

④ 参见江西省高级人民法院〔2000〕赣行终字第 16 号行政判决书、合肥市中级人民法院〔2015〕合行终字第 00087 号行政判决书。

⑤ 参见西安市碑林区人民法院〔2015〕碑行初字第 00215 号行政判决书、沈阳高新技术产业开发区人民法院〔2015〕沈高开行初字第 816 号行政判决书。

硕士学位与博士学位的标准，并在政策上进一步提出培养应用型专门人才的专业学位，因而对硕士学位或专业学位设定论文发表要件恐难以通过平等原则的检验。①

六 结语

学位授予标准确立展现的正当性争议，实则是我国高校治理的缩影。法律授权逻辑的强化及其与学术自治之间的混沌关系，忽视了法律授权不足以形塑对学位授予标准的法律约束，产生了学术自治脱离法律约束的危险。我国《学位条例》40 余年的实施与学位诉讼近 30 年的实践，已到了亟须深刻检讨的时候。立足于我国的法律制度与现实语境，聚焦于行政主体制度的变革、学术自治的独立意义与国家监督的方式，重构高校学位授予标准的合法性约束，方能为处于混沌状态的学位授予立法与高校治理实践提供智识支持与改革指引。

---

① 针对学术型硕士与专业型硕士做出区分要求的高校细则，可参见《广西大学研究生学位工作管理办法（2020 年修订）》第 5 条。

第六章

考试作弊与学位授予挂钩的合法性反思

我国《学位条例》及其实施细则并未明确将考试作弊作为拒绝授予学位的条件之一，一些高校通过制定校规，理直气壮地将大学生考试作弊与学位授予挂钩，由此产生了诸多纠纷，亦引发了对该做法的正当性质疑。司法实践中的立场不一，导致在法律适用与理论基础上陷入混沌状态，故而有必要从公法的角度对此予以澄清。学界大多将国务院学位委员会的解释奉为"金科玉律"，并援引域外将道德品行作为学位授予考量因素的经验，进而证立考试作弊与学位授予挂钩的正当性，不仅曲解了国家立法有关学位授予的规范意涵，还忽视了考试作弊与学位授予挂钩的法律界限。①

基于以上问题意识，本章试图脱离现有研究过度依赖政策寻求挂钩正当性的思维，亦不简单地因循域外移植的应然思考路径，而是从法规范主义的角度检视考试作弊与学位授予挂钩的正当性。探讨此种挂钩是否属于高校自治的范围，又如何受到法律及其基本原则的约束，并提出相应的对策与建议，冀望为我国司法实践中的学位授予纠纷解决提供有益启示。

---

① 参见于志刚《学位授予的学术标准与品行标准——以因违纪处分剥夺学位授予资格的诉讼纷争为切入点》，《政法论坛》2016 年第 5 期；林玲、胡劲松《论学位授予中的非学术标准》，《高等教育研究》2013 年第 2 期；张军《学生处分影响学位授予现象之再解读》，《学位与研究生教育》2011 年第 10 期；许为民、杨行昌《学位授予与道德素质考察三种观点的辨析》，《学位与研究生教育》2005 年第 8 期等。

一 针对考试作弊与学位授予挂钩的司法分歧

针对大学生考试作弊与学位授予挂钩，法院在个案中尚未形成统一认识，大多数支持此种做法的合法性，亦有与此截然相反的主张。

（一）挂钩合法说

主张大学生作弊与学位授予挂钩合法有效的观点侧重从高校自治的角度进行论证。概言之，挂钩与现行的法律不相冲突，属于高校办学自主权的体现。

根据《学位条例暂行实施办法》第 25 条，"学位授予单位可根据本暂行实施办法，制定本单位授予学位的工作细则。"因而法院认为，高校"将学士学位的授予条件、评审程序具体细化，将包括考试舞弊、违反校规校纪等品德方面的内容列入审核范围，规定不授予考试舞弊者学士学位，并未与上述规定相抵触"[1]。所谓细化的依据，则来源于《学位条例》第 2 条，"凡是拥护中国共产党的领导、拥护社会主义制度，具有一定学术水平的公民，都可以按照本条例的规定申请相应的学位。"据此，我国学位授予的条件不仅包含学术水平要件，还融入道德品行要素。这能从国务院学位委员会《关于对〈中华人民共和国学位条例〉等有关法规、规定解释的复函》（学位〔2003〕65 号）中得到佐证，即"申请学位的公民要拥护中国共产党领导、拥护社会主义制度，其本身内涵是相当丰富的，涵盖了对授予学位人员的遵纪守法、道德品行的要求"。法院在判决中乐此不疲地引以为据，意图在高校校规与国家立法之间架构合法性的桥梁。[2]

不仅如此，"高校自主办学权"亦成为考试作弊与学位授予挂钩的

---

① 江西省高级人民法院〔2004〕赣行终字第 10 号行政判决书。

② 参见济南市中级人民法院〔2016〕鲁 01 行终字第 6 号行政判决书、江西省高级人民法院〔2015〕赣行终字第 16 号行政判决书。

正当性基础，从而避免道德品行之法律依据的纠缠。在"刘琪诉中山大学不授予学位纠纷案"中，法院认为"被告制定的《中山大学授予学士学位工作细则》关于'在校期间受过留校察看或以上处分者，不授予学士学位'的规定属学校行使学位授予权的自主范围"。① "对在校学生学习成绩的评价标准，高等学校有权自主决定。这种自主权在不违背法律原则的前提下应当受到司法的尊重。"②

在合法性探究之外，考试作弊与学位授予挂钩的合理性在个别裁判中得以强调。在"杨昆与吉林师范大学履行颁发学位证法定职责上诉案"中，法院主张"虽然就上诉人个体而言考场违纪代价沉重，但就该学校而言是维护社会公平竞争，提升教学质量，纠正不良学风，其社会价值的正能量理应得到依法支持"。③ 这种观点试图在大学生权利与公共利益之间进行衡量，进而论证挂钩的正当性。"对考试作弊者不授予学位，管理目的正当、处理手段适当，有利于实现教育法、高等教育法等法律法规确定的立法目的和教育目标，有利于各学位授予单位依法自主办学、提高教学质量和学术水平，同时也有利于从整体上保护受教育者的合法权益。"④

（二）挂钩违法说

此种观点主张将大学生考试作弊与学位授予挂钩因违反了国家立法而无效。尽管《学位条例》、《学位条例暂行实施办法》授权各高校制定学位授予的细则，但这些校规不得与国家立法相冲突。"法定的学位评定标准是指学术水平，不存在其他标准，上诉人所称的'作弊'、'留校察看'并不是学术水平的问题，而且其也没有提供'作弊'、'留校察

---

① 广州市海珠区人民法院〔2015〕穗海法行初字第173号行政判决书。另可参见广州市天河区人民法院〔2015〕穗天法行初字第669号行政判决书。
② 天津市高级人民法院〔2004〕津高行终字第0044号行政判决书。
③ 吉林省四平市中级人民法院〔2015〕四行终字第12号行政判决书。
④ 苏州市中级人民法院〔2008〕苏中行再终字第0001号行政判决书。

看'属于学术水平的法律依据。上诉人以自己制定的和上位法律、法规相抵触的校纪校规做出的该行政行为明显是无效的。"① 换言之,《学位条例》第 4 条与《学位条例暂行实施办法》第 4、5 条仅仅规定了学术标准,将考试作弊与学位授予挂钩违反了国家立法。

其一,《学位条例》、《学位条例暂行实施办法》与《普通高等学校学生管理规定》都未规定考试作弊者不授予学位。学位的授予应当坚持学术标准,不得考虑其他不相关的因素。在"杨永智案"中,法院鲜明地指出高校校规对学位授予的细化"不能超越《学位条例》和《暂行实施办法》的原则规定,增加与学业成绩及学术水平无关的限制条件,给高等学校本科毕业生获得学士学位增加额外的义务"②。

其二,即便将考试作弊视为违反学术道德,"亦不能将学生的一次作弊即简单地认定为品德不良好"③。概言之,考试作弊不能与道德品行不合格相提并论。从考试作弊与学位授予挂钩的合理性角度考察,法院对此予以否定。"原告因考试作弊已受到纪律处分,被告根据《细则》的规定不授予其学位适用依据错误。仅因一次考试作弊就不授予其学位,处理明显畸重,且有重复处理之嫌。"④

（三）小结

透过以上司法实践中的争议,管中窥豹,围绕大学生考试作弊与学位授予挂钩的正当性探讨需要澄清以下问题。首先,有关学位授予的法律规范的意涵是什么,挂钩在国家立法层面是否具有合法性依据?其次,若高校在学术授予条件的设定上享有自主空间,是否还受到国家立法及其基本原则的约束,又如何保障考试作弊与学位授予挂钩的合理性?最

---

① 青岛市中级人民法院〔2016〕鲁 02 行终字第 273 号行政判决书。此外参见郑州市二七区人民法院〔2003〕二七行初字第 67 号行政判决书。
② 济南市中级人民法院〔2011〕济行终 29 号行政判决书。
③ 青岛市中级人民法院〔2016〕鲁 02 行终字第 273 号行政判决书。
④ 江苏省沧浪区人民法院〔2006〕沧行初字第 045 号行政判决书。

后，在对高校有关考试作弊与学位授予挂钩的模式进行类型化的基础上，探讨挂钩的正当性，并为司法审查提供操作指南。

二 考试作弊与学位授予挂钩如何跨越合法之门

学界就考试作弊与学位授予挂钩是否合法对司法实践进行了积极回应，但在观点上呈现出了两极化的态势。一方面是对考试作弊与学位授予挂钩合法说进行辩护，理由主要包括："既符合中国国情，也顺应世界潮流"，[①] 国务院学位委员会有关《学位条例》的解释包含了道德品行要求；[②] "考试作弊导致不良学术评价并无不妥，不授予学位属于学术评价范围，并不违反学位法律"。[③] 另一方面，挂钩违法说则主张国务院有关《学位条例》的解释将"拥护中国共产党的领导、拥护社会主义制度"降格为考试作弊、打架违纪等一般事项，与法律相抵触。[④] 两方面的观点与法院的立场呈现出相当程度的谙合，都存在值得商榷之处。只有从法规范的意义上澄清我国学位授予立法的意涵，方能对考试作弊与学位授予挂钩的正当性展开体系化的行政法释义学阐释，并为法院相关案件的适用提供融贯性的操作准则。

（一）我国学位授予道德化的规范意涵

《学位条例》是学位授予的基本法，该法第 4 条有关学位授予的条件"较好地掌握本门学科的基础理论、专门知识和基本技能"与"具有从事科学研究工作或担负专门技术工作的初步能力"，都可归结为"学术

① 许为民、杨行昌：《学位授予与道德素质考察三种观点的辨析》，《学位与研究生教育》2005 年第 8 期。
② 参见于志刚《学位授予的学术标准与品行标准——以因违纪处分剥夺学位授予资格的诉讼纷争为切入点》，《政法论坛》2016 年第 5 期；张军《学生处分影响学位授予现象之再解读》，《学位与研究生教育》2011 年第 10 期。
③ 田鹏慧：《学生处分影响学位授予现象之法律解读》，《学位与研究生教育》2007 年第 6 期。
④ 郑磊：《论学术自治尊让原则的具体化——基于最高人民法院指导案例 39 号之展开》，《郑州大学学报（哲学社会科学版）》2016 年第 3 期。

水平"的范畴。除此之外，本法第2条规定了学位授予的基本原则，从而在学术水平之外增加了"拥护中国共产党的领导、拥护社会主义制度"的要求。《普通高等学校学生管理规定》第32条规定符合学位授予条件者，学位授予单位应当颁发学位证书。但何谓"学位授予的条件"，法律对之隐晦不明。最大的争议在于国家立法除了规定学术标准外，是否涵盖道德品行标准。

在2003年"周稷栋状告浙江大学拒授学士学位案"的审理过程中，国务院学位委员会于2003年针对浙江大学的复函中指出《学位条例》第2条"涵盖了对授予学位人员的遵纪守法、道德品行的要求"，实际上是对国务院学位委员会和教育部联合于1981年发布的《关于做好应届本科毕业生授予学士学位准备工作的通知》（〔81〕学位字022号）的重申。① 依据〔81〕学位字022号文件，在授予学士学位工作中必须坚持社会主义方向。应届本科毕业生必须拥护中国共产党的领导，拥护社会主义制度，愿意为社会主义建设事业服务，遵守纪律和社会主义法制，品行端正，方可授予学位。②

《学位条例》乃全国人民代表大会常务委员会通过的法律，无论是国务院学位委员会还是教育部，皆非有权的法律解释主体。追溯《学位条例》制定时的立法资料我们可以得出，《学位条例》第2条出台的初衷在于"对学位获得者应该有政治条件的规定，以鼓励他们坚持又红又专的方向"。③ 无论如何，政治条件无法涵盖遵纪守法的要件。从法律文义出发，两者亦不可相提并论，且从常理上而言，不能认为考试作弊违反"拥护中国共产党的领导、拥护社会主义制度"的要求。将国务院学位委员会的复函作为道德品行标准的依据，既背离了《学位条例》的立

---

① 《关于对〈中华人民共和国学位条例〉等有关法规、规定解释的复函》（学位〔2003〕65号）。
② 《关于做好应届本科毕业生授予学士学位准备工作的通知》（〔81〕学位字022号）。
③ 蒋南翔：《在五届人大常委会第十三次会议全体会议上关于〈中华人民共和国学位条例（草案）〉的说明》，1980年2月。

法意图，也存在严重的法律解释逻辑缺陷。[①] 依照《行政诉讼法》，法院在裁判中对违反上位法的其他规范性文件有权不予适用。

即便抛开对行政解释约束力的质疑，追溯学位授予的规范体系，我们会对学位授予的规范内涵形成更为清晰的认识。《教育法》第43条规定，受教育者"享有在学业成绩和品行上获得公正评价，完成规定的学业后获得相应的学业证书、学位证书"的权利。换言之，学位证书的颁发须同时满足学术水平与道德品行之双重要件。即便《学位条例》未明确规定道德品行要件，该法作为法律对《学位条例》有关学位授予的要件进一步明确，根据新法优于旧法的原理，应认可其法定约束力。依据《普通高等学校学生管理规定》（2005年修订）第31条，只有在学校规定年限内，修完教育教学计划规定的内容，德、智、体达到毕业要求，方能准予毕业。学位的授予以毕业证书的获得为前提，因而道德品行成绩属于学位授予的要件之一。[②]《学位条例暂行实施办法》第4条要求高等学校在授予学位前"应当由系逐个审核本科毕业生的成绩和毕业鉴定等材料"，亦表明了学位授予须考察道德品行要素。

而且，《教育法》与《高等教育法》赋予教育的目的为"使受教育者成为德、智、体等方面全面发展的社会主义事业的建设者和接班人"，意味着无论是学业证书还是学位证书的授予，除了学术水平的要求外，还蕴含着道德品行评价的规范意涵。依据《高等教育法》第5条，高等教育的任务是"培养具有社会责任感、创新精神和实践能力的高级专门人才"，社会责任感的形成脱离不了道德品行的培养，个人的操行在修业年限结束时也须接受考核。在司法实践中，这已经得到一定范围的承

[①]　参见于志刚《学位授予的学术标准与品行标准——以因违纪处分剥夺学位资格的诉讼纷争为切入点》，《政法论坛》2016年第5期。

[②]　该法于2017年修订时虽然于第31条将"德、智、体达到毕业要求"变更为"达到学校毕业要求的"，但通过第7条将"恪守学术道德"、"养成良好的思想品德"作为学生在校期间履行的义务，体现了立法对品行的要求。

认。① 行政机关亦将"实行德智体美全面发展、理论与实践相结合的学位授予标准"② 贯彻于具体实践。如果对《学位条例》第 4～6 条中"成绩合格"的"成绩"做扩大解释，其完全可以涵括学业成绩与操行成绩两个方面的要求。③

然则，即便学位授予的法定条件中包含了道德品行要件，却无法得出因考试作弊或受到纪律处分不授予学位具有合法性。盖道德品行属于不确定法律概念，在法律层面上缺乏清晰的界定。国家立法仅仅设定了学位授予的一般原则与框架，依据《学位条例暂行实施办法》第 25 条，高校具有制定学位授予细则的自主空间。是否在国家立法之下，高校可以随意设定学位授予的条件，并将考试作弊、纪律处分与学位授予挂钩，便须澄清高校自治的边界。

（二）学位授予之高校自主空间

在一些国家，学位授予中的高校与学生的法律关系因公立或私立性质而有所差异，后者体现为私人之间的契约关系。如在美国，约翰·霍普金斯大学 1997 年因该校的一名学生犯有谋杀罪而拒绝授予其学位，尽管其修完了所要求的课程。法院主张学生与私立高校之间的关系相当程度上体现为契约关系，因而学位授予的条件可在学校的相关文件中获得依据，进而认为高校的决定不存在"恣意与专断"（arbitrarily or capriciously）。④ 亦即，只要高校不授予学位的依据源于双方明示或隐含的契约便具有正当性。至于是否恣意与专断，则考察高校是否保障了学生陈述与申辩的权利。在另一类似案件中，拒绝授予学位的决定被法院认定

---

① 参见武汉市中级人民法院〔2010〕武行终字第 184 号行政判决书。

② 刘延东：《在纪念〈中华人民共和国学位条例〉实施三十周年纪念大会上的讲话》，2011 年 2 月。

③ 如我国台湾地区《"国立"台湾大学学则》第 23 条将学生成绩分为学业与操行两种，采取百分制的考核方式。同时该学则第 52、80 条将"各学期操行成绩均及格"作为学位授予的必要条件。参见《"国立"台湾大学学则》，台湾大学网站，http://www.aca.ntu.edu.tw/aca2012/reg/law/%E5%AD%B8%E5%89%87.pdf，最后访问时间：2017 年 2 月 3 日。

④ *Robert J. Harwood Jr v. Johns Hopkins University*, 130 Md. App. 476.

为违法，盖高校校规中并未禁止同性恋。[①]

在我国，学位授予乃《高等教育法》、《学位条例》赋予的一项公权力，不管是公立还是私立高校，其授予条件与程序一定程度上受到国家立法的约束。因而在学位授予上，高校与学生之间并非契约关系。《高等教育法》第 11 条规定："高等学校应当面向社会，依法自主办学，实行民主管理。"高等学校享有办学自主权，学位授予属于学术性事项，自当属于学术自治的范围。《学位条例暂行实施办法》第 25 条"学位授予单位可根据本暂行实施办法，制定本单位授予学位的工作细则"在国家立法层面上再次予以确认。开放的法律结构蕴含着高校在学位授予上的自主空间，学位授予条件的设定与大学培养什么样的人才息息相关，影响大学之学术发展与经营特性，属学术自治的范围。在指导案例 39 号中，法院即承认高校"在学术自治范围内制定学士学位授予标准的权力和职责"，这在司法实践中业已成为共识。

基于《普通高等学校学生管理规定》第 51 条，对大学生的纪律处分包括警告、严重警告、记过、留校察看与开除学籍 5 种类型。同时依照该法第 54 条，高校做出相应处分应与学生违法、违规、违纪行为的性质和过错的严重程度相适应，不得违反比例原则。对考试作弊的普通纪律处分因可能对学生的权益形成侵害，自当遵循法律保留，只有国家立法有明确依据时，高校方可进行不利处分。与此不同，学位授予事项属于高校学术自治的范围，无须严格地遵循法律保留，既然国家立法在学位授予上已设定基本的框架，高校在学位授予上便具有自主的空间。学术标准与道德品行标准在法律外延上的不明确，恰恰构成高校通过校规予以填补的基础。道德品行标准关涉到人才培养的风格与质量，属于教学自由的范畴，当其与学位授予挂钩时，已落入学术自治的范围，因而

---

① *Johnson v. Lincoln Christian College*, 501 N. E. 2d 1380, 1384.

"对学术自治范围的界定必须秉持是否包含学术判断这一核心标准"① 显然误解了学术自治的内涵。纠缠于考试作弊与学位授予挂钩的更为具体的明确依据，无异于将高校、学位授予权等同于行政机关与一般的行政权。

如前所述，针对考试作弊与学位授予挂钩，普遍的观点认为可通过高校自治赋予其合法性。然则，一味地追求与抬高高校自治的价值，无形之中忽略了其界限。以学位授予而言，国家立法设定了高校自治的基本框架，但高校自治亦有自身的边界。指导案例 39 号在强调"学术自治"的同时，"根据自身的教学水平和实际情况在法定的基本原则范围内确定各自学士学位授予的学术水平衡量标准"。② 亦即，确定学位授予的具体细则，不能与国家立法相冲突，且不得违反法定的基本原则。能否取得学位将对《宪法》上受教育权的享有形成重大影响。此外，由于就业、继续深造等与学位息息相关，学位授予条件的设定尚涉及就业权与财产权。将"不能作弊"视为"一种社会公知的学术评价标准"③，进而放弃国家立法的约束，将无限扩大学术自治的范围。

因此，高校在学位授予上享有自主空间的同时，还应避免学生的基本权利受到不当侵害。我国《宪法》第 47 条规定的"科学研究、文学艺术创作和其他文化活动的自由"是学术自由保障的根本规范，构成了学术自治的正当性基础。在内部界限上，高校对学位条件的设定应当围绕学术自由的保障展开。在外部界限上，这种设定应遵循法定的基本原则，如正当法律程序原则、比例原则与平等原则等。如我国台湾地区大法官释字第 563 号解释即指出："有关章则之订定及执行自应遵守正当程序，其内容并应合理妥适，乃属当然。"至于法定基本原则的检验，则

---

① 郑磊：《论学术自治尊让原则的具体化——基于最高人民法院指导案例 39 号之展开》，《郑州大学学报（哲学社会科学版）》2016 年第 3 期。
② 参见武汉市中级人民法院〔2009〕武行终字第 61 号。
③ 参见天津市高级人民法院〔2004〕津高行终字第 0044 号行政判决书。

须将考试作弊与学位授予挂钩置于整个行政法体系下进行考察。

三　法院应当作为学位授予合法性约束的保障者

如上所述，我国法律在学位授予上蕴含了道德品行评价的法律意涵，尽管高校在学位授予的要件设定上享有自主空间，但将考试作弊与学位授予挂钩不能逃逸于合法性的约束之外。法院在具体的个案中，亦不能消极地以"大学自治"的名义逃避司法审查的责任。

（一）考试作弊与学位授予挂钩的可能模式

1. 将作弊视为学位授予的消极要件

该模式将考试作弊确定为学位授予的否定性要件。如《中山大学研究生学业指南》（2009 年版）中学位申请的重要提示第 2 点规定："凡因考试作弊或严重违反学术规范而受到处分的不得授予学位。"《中山大学研究生学籍管理细则》第 11 条规定："因考试作弊而受到处分的研究生，不得授予学位。"《中山大学学位授予工作细则》第 4 条规定："凡因考试作弊或违反学术规范而受到处分的不得授予学位。"① 还有的直截了当地规定"考试违纪舞弊者"不授予学士学位，如吉林师范大学。②

2. 将纪律处分作为学位授予的要件

该模式未直接将考试作弊与学位授予挂钩，而是规定受到特定纪律处分的，不得授予学位。如《华中农业大学学位授予工作实施细则》第 24 条第 1 款第 4 项规定，"第三学年（含第三学年）后，因考试作弊受到警告（含警告）以上处分，不得授予学士学位"③；《上海大学学士学位授予工作细则》将"就读期间无处分记录或仅有严重警告及严重警告

---

① 广州市海珠区人民法院〔2013〕穗海法行初字第 82 号行政判决书。
② 吉林省四平市中级人民法院〔2015〕四行终字第 12 号行政判决书。
③ 武汉市中级人民法院〔2010〕武行终字第 184 号行政判决书。

以下处分"作为授予学士学位的条件①。

3. 将考试作弊与学位授予有条件地挂钩

针对考试作弊，该模式未绝对地排除学位的授予，而是设定了限制条件。如《西安建筑科技大学授予学士学位实施细则》第3条第4项规定："在校期间，曾受留校察看处分者，但对1~3（城市规划、景观学专业1~4）年级受过留校察看处分，毕业前经考察，确已改正错误，表现良好，且在校学习期间平均学分绩点大于等于3或毕业设计（论文）成绩优秀、在校期间获得省级以上科技竞赛奖、具有省级以上科学技术创新成果、获得省级以上文体单项奖者，平均学分绩点大于等于2.5；均可考虑授予学士学位。"② 这种模式针对考试作弊受到的处分规定了若干补救的措施，满足了这些要件，即便学生作弊受到处分，高校仍应授予其学位。

（二）考试作弊与学位授予挂钩的合法性约束

以上三种挂钩模式都面临着合法性的质疑。此种合法性要求既根植于学术自治的宪法基础，也来自国家立法及其基本原则的限制。法院在个案中，应从学术自治、法律规范与比例原则三个维度对高校校规进行审查，进而决定是否适用相关的校规。

1. 学术自治的约束

学位的授予涉及对人才培养质量的认定，高校在此事项上具有学术自治的空间。学术自治的基础源于学术自由，涵括了教学自由、研究自由与学习自由。只有当学位的授予服务于学术自由的保障时，方能免除法律保留的严格限制。换言之，学位的授予条件无须具备明确的法律依据。不同于契约性质的学位授予关系，我国的学位具有较强的国家学位属性，须受到国家立法的约束。《教育法》、《高等教育法》及《学位条

---

① 上海市第二中级人民法院〔2011〕沪二中行终字第34号行政判决书。
② 参见西安市碑林区人民法院〔2015〕碑行初字第00215号行政判决书。

例》从不同角度确立了学业成绩标准与道德品行标准。高等教育具有多元性，德育与智育并重是我国立法确立的教育方针，"促进学生在品德、智力、体质等方面全面发展"① 是教育的重要目标，对德育的强调亦是教学自由的重要体现。

因而，不宜以考试作弊属于高校行政管理的事项，进而否定其与学位授予挂钩的可能性。对此种校规进行合法性审查之前，应确定"该校规是否系有实现教育理念、保障学术自由之目的"②。未有法律上的明确依据，高校的处分不得逾越纪律处分的类型。但将考试作弊作为道德品行标准评价的因素，与学位授予挂钩，则已落入法定的学位授予标准范围，意在贯彻法律确立的全面发展的教育理念，因而无须具备直接的法定依据。就此而言，指导案例 39 号提及的"各高等学校根据自身的教学水平和实际情况在法定的基本原则范围内确定各自学士学位授予的学术水平衡量标准"③ 将学术自治限于"学术水平衡量标准"，实乃对学术自治的误读。

2. 法律规范的约束

将考试作弊与学位授予直接挂钩违背了法律规范的目的，不符合培养人才的正当性。《高等教育法》第 4 条强调"高等教育"应当"使受教育者成为德、智、体等方面全面发展的社会主义事业的建设者和接班人"，第 31 条明确"高等学校应当以培养人才为中心"；《普通高等学校学生管理规定》（1990 年版，国家教育委员会令第 7 号）第 64 条规定："对犯错误的学生，要热情帮助，严格要求，处理时要持慎重态度，坚持调查研究，实事求是，处分要适当。"依据现行《普通高等学校学生管理规定》第 3 条，道德教育属于高等教育的内容之一。高等教育的精

---

① 参见《中华人民共和国教师法》第 8 条。
② 伏创宇：《高校校规合法性审查的逻辑与路径——以最高人民法院的两则指导案例为切入点》，《法学家》2015 年第 6 期。
③ 参见武汉市中级人民法院〔2009〕武行终字第 61 号行政判决书。

神在于培养人才，除了知识与能力的教育外，尚包括道德品行的培育。古今中外，考试作弊屡见不鲜，若因学生在纪律上犯错误即一律剥夺学生的受教育权，甚至影响其就业权，已属"不教而诛谓之虐"，违反了法定的教育目的。

司法实践中，有的法院将考试作弊与诚实信用联系起来，主张大学生考试作弊"违背诚信原则"[①]，实为"不当联结"。尽管高校在学位授予上享有自主空间，但不能逾越法定的裁量范围，并应符合国家立法授权的目的。一次考试作弊与道德品行不合格之间无法画等号，对道德品行的评价应当具有可预见性与公正性。如我国台湾大学便制定了《学生奖惩纪录暨操行成绩实施要点》，明确了奖惩事项及具体的评价规则。依据该要点，即便是通常的考试作弊，也只是记大过，扣除 7.5 分，不至于受到道德品行不及格的评价。[②] 一旦考试作弊，直接将之视为道德品质缺陷而"科以极刑"，"只论过不论功"，忽视高等教育本身的人才培养功能，有违《高等教育法》与学位授予的立法目的，显属恣意。

3. 比例原则的约束

比例原则包含了适当性原则、必要性原则与均衡性原则。

首先，适当性原则要求手段应有助于目的之实现。将考试作弊与学位授予挂钩，对作弊者课以最严厉的不利处分，从而形成"寒蝉效应"，似乎有利于减少作弊现象。事实上，这种极端的处理方式致使监考老师在监考过程中多有所顾忌，对于作弊行为常不忍心记录在案，并怠于上报学校处理。这可能进一步助长学生的侥幸心理，防范作弊的效果也大打折扣。

---

① 《最高人民法院公布 10 起弘扬社会主义核心价值观典型案例》，《人民法院报》2016 年 3 月 10 日，第 3 版。

② 根据该要点，学生如有应受奖惩事项，其加减操行分数之规定如下：（一）记嘉奖一次加一分，记小功一次加 2.5 五分，记大功一次加 7.5 分。（二）记申诫一次减一分，记小过一次减 2.5 分，记大过一次减 7.5 分。操行成绩基本分数为八十分，六十分不及格。

其次，必要性原则要求作弊治理效果等同的情形下，应当选择对学生权利侵害最小的手段。对作弊行为的处分除了不授予学位外，还包括批评教育、警告、记过、留校察看等各种手段。必要性原则在《普通高等学校学生管理规定》第18、54条中都有体现，"学生严重违反考核纪律或者作弊的，该课程考核成绩记为无效，并应视其违纪或者作弊情节，给予相应的纪律处分"，以及"学校给予学生处分，应当坚持教育与惩戒相结合，与学生违法、违纪行为的性质和过错的严重程度相适应"。这充分表明学校对学生的处分要适当，处罚与违纪情节要适应，教育与惩罚手段要相结合。

　　大学以培养人才为中心，对待犯错误的学生应当坚持教育优先原则。针对考试作弊给予纪律处分或保留不授予学位的权力，一些高校根据学生的后续表现采取了弹性化的处理方式，如《清华大学学生违纪处分管理规定》第9条、《西安建筑科技大学授予学士学位实施细则》第3条等。[①] 2015年修订的《中国政法大学普通本科生学士学位授予办法》中，就取消了将"在校期间未受过留校察看（含）以上处分"作为授予学士学位的条件。

　　最后是均衡性原则的检验，大学生考试作弊与学位授予挂钩所欲达成的目的与侵害的权益之间应当成比例。挂钩的初衷无非是减少与预防考试作弊，形成更为良好的学习风气，但实施效果差强人意，甚至有放纵作弊之嫌。与之相应的是，拒绝授予学位将对学生的受教育权、就业权、继续深造等权益造成重大影响，所造成的损害远大于冀望实现的作弊治理目的，难谓符合均衡性原则。

　　基于以上分析，无论是将考试作弊直接确定为学位授予的消极要件，

---

　　① 此外参见《北京航空航天大学学位授予暂行实施细则》第10条、《中央财经大学全日制本科毕业生学士学位授予工作实施细则》第3条、《北京科技大学学位授予工作细则》第27条、《北京交通大学学位授予工作实施细则》第33条、《中山大学新华学院学士学位授予工作细则（试行）》第4条。

还是将某种纪律处分作为学位授予的消极要件，都背离了国家立法的初衷。将考试作弊与学位授予有条件地挂钩与国家立法的意图更为接近，但仅通过学业成绩来弥补操行成绩之不足，亦与学位授予法定标准的二元性背道而驰。针对考试作弊与学位授予挂钩，法院在个案中不应消极保守，应当审查相关校规是否遵循了国家立法的目的，是否符合比例原则的要求。如果高校在道德品行的评价上具有较为全面且公允的规则可供依循，则司法审查应当保持节制。

四　代结语：维护学术自治的合法性约束

大学生考试作弊与学位授予挂钩的争论，映射出了高校自治与学生基本权利保障的紧张关系，如何平衡两者的冲突是公法学须谨慎对待的重要课题。高校的学术自治固然值得弘扬，但并非毫无界限。一味地推崇高校自治与司法尊让，不仅侵害了学生的基本权利，还将对国家立法的意图与精神形成扭曲。

依据我国现行法律的体系解释，学位授予的标准包含了政治条件、学术标准与道德品行要素。高校在国家立法设定的学位授予标准框架下，有权根据人才培养的风格，为实现特定的教育理念，维系大学品质，而自主制定学位授予的条件及细则。将考试作弊与学位挂钩无须受到法律保留原则的严格限制，但应受到国家立法及其基本原则的合法性约束。

大学生考试作弊不能作为评判道德品行的直接依据。学位的授予乃对大学生培养水平与质量的认可，若直接将考试作弊与学位授予挂钩，就违反了《教育法》、《高等教育法》确立的全方位培养人才的立法目的，难以脱离"不教而诛"的指摘，亦违反了公法上的比例原则。换言之，对考试作弊者直接剥夺学位授予资格处分的规定过于严厉，高校对待考试作弊者应综合考虑当事人态度、改正的表现和受奖励情况给予操行成绩评价，不可对作弊的学生一律撤销学位授予资格。这要求高校在道德品行标准的设定上贯彻教育与处罚相结合的法定原则，采用更为弹性化的考试作弊与学位授予挂钩的模式。

第七章

国家监督与大学自治框架中的学术抄袭认定

在当下的中国高校，抄袭现象屡见不鲜，对抄袭行为进行规范并课以制裁，是维护学术诚信与捍卫学术自由的重要体现。[①] 但学术抄袭的内涵与标准是什么、由谁来认定抄袭、抄袭认定的程序如何，在公法上尚未得到充分而深入的探讨，司法实践亦无所适从。[②] 部分学理与司法实践引用私法的理论资源对学术抄袭进行解读，[③] 忽视了学术抄袭治理的公法意涵。如何认定学术抄袭，不仅涉及不确定法律概念的解释，更是蕴含着大学自治与国家监督之间千丝万缕的联系。换言之，学术抄袭的认定离不开对国家立法规范意涵的考察，应当在国家监督与大学自治的关系下厘清各自的任务与责任。

基于以上问题意识，本章首先指出学术抄袭的认定沿用私法的局限性，进而从国家立法的角度追溯抄袭认定的公法意涵。通过对一些具有

[①] 学术不端行为除学术抄袭（包括文字抄袭与思想剽窃）外，还包括研究成果造假（Fabrication）、研究成果变造（Falsification）、研究成果归属不当、研究成果重复发表、代写论文等情形，后述列举的学术不端行为可借助实验或相关事实证据予以认定。因而本章着眼于抄袭认定的特殊性，抄袭以外违反学术伦理的类型未纳入本章讨论的范畴。

[②] 参见最高人民法院〔2011〕行提字第 12 号行政判决书、北京市海淀区人民法院〔2015〕海行初字第 1064 号行政判决书以及北京市第一中级人民法院〔2016〕京 01 行终字第 423 号行政判决书。

[③] 参见蔡琳《不确定法律概念的法律解释——基于"甘露案"的分析》，《华东政法大学学报》2014 年第 6 期；陈金钊、杨铜铜《重视裁判的可接受性——对甘露案再审理由的方法论剖析》，《法制与社会发展》2014 年第 6 期。

代表性的高校校规进行实证分析，表明高校校规与国家立法之间的关系存在扭曲。我国学术抄袭认定的体系建构宜从认定标准、认定主体与认定程序三个方面展开。国家权力与大学自治在学术抄袭的认定上应当各司其职、各尽其责。

一　学术抄袭认定沿用私法的局限性

概括起来，对学术抄袭进行认定的方式尚未在理论与实务中达成共识。由于私法层面对抄袭业已形成较为成熟的制度，"借用"私法资源便成为澄清学术抄袭含义的"捷径"，这种方式有待商榷。私法语境中的抄袭认定着眼于著作权的保护，涉及的是私法关系，仅指向表达抄袭，不可简单地移植于学术抄袭的认定。

（一）私法语境下的抄袭认定

抄袭的认定应当置于具体的法律语境中进行考察。《中华人民共和国著作权法》（以下简称《著作权法》）第 52 条、《著作权行政处罚实施办法》第 3 条与第 4 条、《中华人民共和国刑法》（以下简称《刑法》）第 217 条分别规定了侵犯著作权的民事、行政与刑事责任。不同法语境下，对抄袭课责的要件存在差异。对抄袭的行政处罚责任以著作权的民事侵权为前提，还须具备"损害公共利益"的要件，即抄袭"构成不正当竞争，危害经济秩序的行为"。① 我国《刑法》将"复制发行"、"以营利为目的"以及"情节严重"作为侵犯著作权罪的构成要件，实际上将一般的抄袭行为排除在《刑法》调整范围之外。

在我国私法领域，抄袭等同于剽窃。2001 年《著作权法》修改时将"剽窃、抄袭他人作品的"统称为"剽窃他人作品的"。即便旧法采用了

---

① 参见国家版权局《关于对著作权法第四十七条"损害公共利益"问题的意见》（权司〔2002〕16 号）与《关于查处著作权侵权案件如何理解适用损害公共利益有关问题的复函》（国权办〔2006〕43 号）。

双重概念，国家版权局版权管理司（权司〔1999〕第 6 号）文件指出抄袭与剽窃属于同一概念，意指"将他人作品或者作品的片段窃为己有"，更可见"抄袭"与"剽窃"的内涵在私法规范层面并无二致，皆指向表达抄袭。私法领域的抄袭规制调整平等主体之间的人身、财产关系，旨在保护文学、艺术和科学作品作者的著作权，适用一般民事侵权的构成要件，需要满足"行为具有违法性"、"有损害的客观事实存在"、"和损害事实有因果关系"以及"行为人有过错"四个要件。①

　　概言之，我国私法语境下的抄袭认定具有如下特征：（1）在保护法益上，对抄袭的规制着眼于著作权的保护，这从《著作权法》第 1 条的立法宗旨中可见一斑。（2）在认定要件上，抄袭规制调整的是私法关系，适用侵权行为的构成要件，强调有损害他人著作权的客观事实。② 且抄袭达到相当程度才构成侵权，法院应考察"被诉侵权作品与权利人作品之间是否构成实质相似"，这已为最高人民法院指导案例 81 号所确认。如果复制部分在整个作品中"所占比例较小"，则不被认定为抄袭。③（3）在认定标准上，抄袭仅指表达抄袭，不包括思想抄袭。我国《著作权法》所保护的是作品中作者具有独创性的表达，即思想或情感的表现形式，不包括作品中所反映的思想或情感本身。④ 否则将背离《著作权法》鼓励文化进步和发展、促进更多优秀作品的产生、丰富人类社会的精神世界的宗旨。⑤ 是

---

① 《国家版权局版权管理司关于如何认定抄袭行为给××市版权局的答复》（权司〔1999〕第 6 号）。

② 国家版权局版权管理司（权司〔1999〕第 6 号）规定的"抄袭物须发表"要件在实施早期得到贯彻，但后来考虑到未发表的抄袭物构成侵权即发情形，且侵害了原作者的署名权与复制权，因而在司法实践中遭到废弃。参见北京市第一中级人民法院〔2006〕一中民初字第 1517 号民事判决书、上海市普陀区人民法院〔2016〕沪 0107 民初字第 13225 号民事判决书。

③ 参见北京市高级人民法院〔2004〕高民终字第 627 号民事判决书、重庆市高级人民法院〔2012〕渝高法民终字第 00170 号民事判决书。

④ 参见最高人民法院指导案例 81 号、北京市高级人民法院〔2015〕高民（知）终字第 1039 号民事判决书。

⑤ 北京市海淀区人民法院〔2006〕海民初字第 15467 号民事判决书。

否构成表达抄袭，比对是基本的认定方法。[①]（4）在认定主体上，法院对表达抄袭的认定具有最终的决定权。尽管抄袭区分"低级抄袭"与"高级抄袭"，[②] 后者可能需借助专家鉴定方能认定，但仍须接受全面的司法审查。专家鉴定只能作为裁判的参考，并不能直接作为侵权判断的依据。[③]

（二）学术抄袭的认定沿用私法中抄袭的概念

迄今为止，鲜有通过司法程序解决学术抄袭认定争议的案件，比较有代表性的是"甘露案"与"于艳茹案"。其中，最高人民法院在"甘露案"中将当时适用的 2005 年发布的《普通高等学校学生管理规定》（现已被修订）第 54 条第 5 项"剽窃、抄袭他人研究成果，情节严重的"中的"剽窃、抄袭"解释为"高等学校学生在毕业论文、学位论文或者公开发表的学术文章、著作，以及所承担科研课题的研究成果中，存在剽窃、抄袭他人研究成果的情形"。依此，课程论文以及其他非公开发表的著述被排除在抄袭认定的范围之外，相当程度上以论文是否发表作为抄袭的认定标准。修订后的《普通高等学校学生管理规定》第 52 条第 5 项亦将抄袭规制的对象限定于"学位论文、公开发表的研究成果"。这与国家版权局版权管理司（权司〔1999〕第 6 号）有关《著作权法》中抄袭认定的解释将"抄袭物须发表"作为抄袭侵权的构成要件"不谋而合"。北京大学在"于艳茹案"中则直接引用该行政解释主张涉案论文"抄袭幅度已超过原文的一半以上，已构成严重抄袭行为"[④]。

一些学者亦从著作权侵权的角度对学术抄袭进行解读。"法院与大

---

① 参见最高人民法院〔2008〕民监字第 192 号民事裁定书、北京市第一中级人民法院〔2012〕一中民终字第 2733 号民事判决书。

② 参见《国家版权局版权管理司关于如何认定抄袭行为给××市版权局的答复》（权司〔1999〕第 6 号）。

③ 参见最高人民法院〔2012〕民申字第 1392 号民事裁定书。

④ 北京市海淀区人民法院〔2015〕海行初字第 1064 号行政判决书。

学对于甘露的抄袭行为——无论在大学还是在法庭，主要主张保护知识产权——都应该承认其应得到不当性评价。"① 还有的将学术抄袭界定为违法行为："学术抄袭侵犯他人的著作权，已经触犯法律，是违法行为。"② 这些观点忽视了"抄袭"在公法与私法语境下的不同意涵，不仅导致公法对学术抄袭规制的意义遭到扭曲，还将对学术抄袭的认定模式形成误导，进而侵害学术自由。

（三）沿用私法认定学术抄袭的局限性

在民事责任与行政处罚责任之外，《高等教育法》第 42 条、《学位条例》第 17 条、《普通高等学校学生管理规定》第 52 条、《行为办法》第 27 条均授权高校以涉及抄袭为由对其成员课以制裁。就学术抄袭而言，后两部法律将"抄袭"与"剽窃"在规范文本上予以并列，凸显了两者含义上的差别。③ 在法律后果上，学术抄袭产生的后果往往比私法层面上的抄袭引起的法律责任严重，诸如撤销学位、解聘岗位、开除学籍抑或其他纪律处分。

作品涉嫌抄袭时，只有作品的表达构成"实质性相似"才能满足我国著作权侵权的构成要件，学术抄袭的判断标准显然不限于此。两者存在一定的竞合，私法上抄袭的成立往往同时构成学术抄袭，但后者涉及的范围更为广泛，认定标准更宽松，这也导致学术抄袭的认定不可直接照搬私法上抄袭的认定。

首先是抄袭范围上的差异。著作权侵权仅涵括将他人文字擅自据为己有、对他人文字进行无权使用的"文字抄袭"（Wortlautplagiat），而学

---

① 蔡琳：《不确定法律概念的法律解释——基于"甘露案"的分析》，《华东政法大学学报》2014 年第 6 期。

② 王敬波：《治理学术抄袭法律不能缺位》，《中国教育报》2016 年 3 月 4 日，第 2 版。此外参见曹树基《学术不端行为：概念及惩治》，《社会科学论坛》2005 年第 3 期。

③ "学术抄袭"并非法律文本的规范概念，可见诸一些高校的校规，为行文的便利，本章将学术活动领域的文字抄袭与思想剽窃统称为"学术抄袭"，与学理上的惯常表达亦相契合。

术抄袭还包括"剥削他人思想或研究构想"的"思想剽窃"（Ideendieb-stahl）。① 我国不少高校校规将思想剽窃纳入学术不端行为处理的范围。② 这在司法实践中亦得到普遍承认，有代表性的观点主张："至于该相同或基本相同的文字部分的使用，是否构成学术规范意义的剽窃，以及仅以参考文献的方式使用他人思想表达是否符合学术引注规范，不属于著作权法调整的范畴……"③ 私法上所不保护的"创意、素材"等，落入学术伦理规范的调整范围。④ 相较于著作权侵权，学术抄袭的范围更加广泛，且其认定标准往往涉及学术的专业判断，进而对学术抄袭的认定主体与程序建构产生影响。

其次是抄袭程度上的差异。私法上的抄袭要求侵权以"实质性相似"为认定标准，而少量的抄袭、过度引用、标注不规范等都可能被视为学术抄袭。如有的大学将"引用他人著述而不加以注明"视为学术抄袭的一种情形，抄袭的程度不影响学术抄袭的成立，而被纳入情节是否严重的考察因素。⑤ 从学术规范的角度而言，作者"具有标注与澄清的义务"（der Kennzeichnungs – und Offenbarungspflicht），因而违反该义务的皆可能构成学术抄袭，甚至包括引用他人文献仅在参考文献中予以注明。⑥

国家立法对学生与教师的学术抄袭规制另行规定，具有独特的规范内涵。对学术抄袭的规制旨在"维护学术诚信，促进学术创新和发展"，⑦ 与私法语境下的抄袭规制目的截然不同，后者适用的是民事侵权

---

① Vgl. Helmuth Schulze – Fielitz, "Reaktionsmoeglichkeiten des Rechts auf Wissenschaftliches Fehlverhalten", in: Wolfgang Löwer und Klaus Ferdinand Gärditz, Wissenschaft und Ethik（Mohr Siebeck, 2015）, S. 18.

② 如《华中科技大学学术道德规范及学术不端行为处理规定（试行）》、《北京大学教师学术道德规范》等。

③ 最高人民法院〔2009〕民申字第 161 号民事裁定书。

④ 参见最高人民法院指导案例 81 号。

⑤ 参见《北京大学研究生基本学术规范》（2017 年 1 月 1 日修订）。

⑥ Vgl. VG Freiburg, Urt. v. 23. 5. 2012 – 1 K 58/12.

⑦ 参见《高等学校预防与处理学术不端行为办法》第 1 条。

的构成要件，通过国家立法予以调整。学术抄袭乃学术不端的一种类型，依据《行为办法》，属于"在科学研究及相关活动中发生的违反公认的学术准则、违背学术诚信的行为"。但高校认定抄袭的标准是什么、由谁来认定抄袭以及认定抄袭的程序如何，国家立法并未有明确的规定，而是授权高校做出认定。如《高等教育法》第42条规定高等学校学术委员会"调查、认定学术不端行为"，《行为办法》第5条明确高等学校是学术不端行为的处理主体。这些条款隐含了学术抄袭不能简单地通过私法途径予以认定。相应地，不少高校出台了抄袭认定的办法。由此，有关学术抄袭的处理依据形成了国家立法与高校校规的双重规范结构。

这意味着，学术抄袭的治理与私法语境中的抄袭规范不可相提并论。将民事侵权意义上的抄袭认定照搬至学术抄袭的认定上，将会抹杀学术抄袭规制的立法目的与认定制度设置。不同于《著作权法》及相关解释明确了抄袭的构成要件，学术抄袭的认定体现了国家立法与大学自治的分工。国家立法授权高校对抄袭处理的背后蕴含着国家与高校在学术抄袭治理上的二元结构，高校对学术抄袭治理的正当性基础与相关制度构建既不能简单地沿用秩序行政法的一般理论与原则，也不能照搬私法有关抄袭认定的制度资源。学术抄袭的认定涉及国家权力与大学自治的关系，首先需要从治理责任的分配上做出解答。

二 学术抄袭认定的独特基础与公法意涵

学术抄袭认定既不能照搬既有的私法资源，也不能陷入法律解释的"旋涡"而忽视了解释的界限。即便注意到了学术抄袭在法规范体系中的特殊性，如果对其规范内涵缺乏进一步的剖析，仍然会造成法律适用上的困境。

（一）学术抄袭认定的独特基础

尽管私法上的抄袭可能引发学术抄袭制裁，学术抄袭与著作权侵权意义上的抄袭仍然具有各自的法律规制需求。由于两者在认定标准上存在些许不同，导致学术抄袭的认定逻辑、认定依据与认定方式等方面存在显著差异。

其一，认定逻辑的差异。著作权侵权对财产权与人身权产生侵害，而学术抄袭未必构成对民事权利的侵害。"除了在误导预期读者的意义上具有欺骗性之外，还造成了预期读者对他的信赖"①，"相对于竞争者来说，剽窃者通过剽窃增益了自己的作品，由此提升了自己相对于竞争者的身价和名声"②。抄袭的危害众多，其"大大地伤害了前驱者或前任"、"严重地伤害了他的同学或同事"、"伤害了他的读者"甚至"伤害到整个学术界"。③《著作权法》作为私法着眼于个人权益的保护，无法为学术活动提供足够的保障。相较于著作权侵权行为，学术抄袭构成对学术活动及整体学术环境的侵害，进而与学术自由的本质相悖。在私法之外对学术抄袭进行规范，更彰显学术活动受学术自由保护的重要性，借此促进学术自由的真正实现。

其二，认定依据的差异。著作权侵权属于违法行为，受国家立法调整，而学术抄袭主要受到学术伦理规范的约束。学术伦理规范与学术环境、学术规范、学科发展等息息相关。如思想剽窃、自我抄袭、对公知公有信息的使用、未按照学术规范进行标注等，虽然不构成对著作权的侵犯，但不能直接否定学术抄袭。换言之，由于著作权侵权损害的法益与学术抄袭侵害的法益不同，因此两者产生的法律责任相互独立。从有关学术抄袭的法律规范来看，《教育法》第 82 条第 3 款授权学业证书的颁发机构、《行为办法》第 29 条与《普通高等学校学生管理规定》第 54 条授权高等学校针对抄袭行为采取制裁措施，意味着抄袭行为在高等学

---

① 理查德·波斯纳：《论剽窃》，沈明译，北京大学出版社，2010，第 23 页。

② 理查德·波斯纳：《论剽窃》，沈明译，北京大学出版社，2010，第 37 页。

③ 参见刘东《历史与现实中的学术剽窃》，《徐州师范大学学报（哲学社会科学版）》2012 年第 4 期。

校或科研机构内部具有受课责性。对学术抄袭进行处理的依据表面上源于国家立法，实际上来自学术伦理规范保障的要求。

其三，认定方式的差异。是否构成著作权侵权意义上的抄袭，主要通过表达的对比、剔除等方式进行量化与分析，考察作品的相似程度，因而法院拥有最终的判断权，无关学术专业判断。即便在认定上借助专家辅助人或鉴定结论，也仅是在事实问题上对作品"创作表达"的相似性发表参考意见。① 与著作权侵权不一样，学术抄袭未必构成侵权或导致行政处罚，侵害的客体不局限于民事权利，属于"一种最好交由非正式的、私人的制裁来处罚的过错"②。学术抄袭的认定相当程度上蕴含了学术专业判断，无论是国家立法权还是司法权都应当退让。

抄袭一词无法穷尽所有的"智识欺诈类型"，盖学术抄袭往往具有隐匿性和欺诈性。③"一方面，学术抄袭既包括表达抄袭，也包括思想抄袭；另一方面，学术抄袭不仅包括未注明出处的使用，也包括虽注明出处但超出学术道德规范的使用。"④ 正是基于学术抄袭的特殊性，学术抄袭争议的处理往往无法脱离学术专业社群的判断。为实现学术自由的保障与大学自治，立法机关与行政机关都应保持一定的节制。现行国家立法授权高校对学术抄袭进行处理，不仅为国家权力的干预设定了界限，还要求高校为此建立相应的组织与程序制度。

概言之，著作权侵权意义上的抄袭强调文字表达的复制，对其规制意在保护私权利，而学术抄袭既包括文字抄袭，也包括思想剽窃，侵害

---

① 参见北京市高级人民法院〔2015〕高民（知）终字第1039号民事判决书；湖北省高级人民法院〔2014〕鄂民三终字第00253号民事判决书。

② 理查德·波斯纳：《论剽窃》，沈明译，北京大学出版社，2010，第41页。

③ 参见理查德·波斯纳《论剽窃》，沈明译，北京大学出版社，2010，第38页。举例而言，学生通过网络服务购买文章、教授在不加说明的情况下将学生的文章以自己的名义发表、引用未曾阅读的一手文献（实际上来自二手文献）、自我抄袭、出售署名权、创造性模仿是否属于学术抄袭，往往充满争议。

④ 齐爱民、周伟萌：《论学术抄袭的两面性：以学术规范和法律规范的区分为视角》，《重庆大学学报（社会科学版）》2010年第6期。

的是学术伦理规范。两者存在包含关系，侵犯著作权同时违反了学术伦理，而学术抄袭却未必构成对著作权的侵害，具有自身的特殊性。在认定机制上，《著作权法》着眼于保护作品的表达形式，是否构成抄袭，法院具有完全的判断权。学术抄袭的认定在国家立法层面之外更多地诉诸学术组织的内部规则与程序，进而形成了国家立法与自治规则的二元规范框架。

（二）学术抄袭认定授权的双重意蕴

国家立法中采用的不确定法律概念诸如"抄袭"、"剽窃"、"舞弊作伪"等，在立法中并未得到清晰界定。相应地，《行为办法》第 39 条授权高等学校"结合学校实际和学科特点，制定本校学术不端行为查处规则及处理办法"。这些不确定法律概念并非立法的漏洞，与法治国理念和法律明确性原则不相抵触，而是国家立法借此赋予高等学校自治的空间，落实学术自由的基本精神。对其解释与适用，应当置于国家监督与大学自治的二元框架下展开。

国家立法授权大学对抄袭行为予以处理，意在落实大学自治。立法授权的同时意味着义务的赋予，高等学校不仅应当履行治理抄袭的义务，还须建立相应的抄袭认定与处理机制。[①] 该授权具有双重含义：其一，国家权力不得在学术抄袭的认定上径行代替大学做出判断，侵害学术自由，此乃学术自由作为防御权的必然要求；其二，大学自治不具有终极价值，具有自身的界限，其作为制度性的保障服务于学术自由的实现，强化学术自由的保护，维系学术活动的功能不受损害。学术自由并非纯粹的自由权，其保障应通过大学组织及其他建制方面加以确保。换言之，国家立法

---

① 参见《关于加强学术道德建设的若干意见》（教人〔2002〕4 号）、《教育部关于严肃处理高等学校学术不端行为的通知》（教社科〔2009〕3 号）、《关于在学位授予工作中加强学术道德和学术规范建设的意见》（学位〔2010〕9 号）、《中共教育部党组关于强化学风建设责任实行通报问责机制的通知》（教党函〔2016〕24 号）以及《高等学校预防与处理学术不端行为办法》。

对高校抄袭的认定做出授权，同时赋予了高校捍卫学术伦理与保障学术自由的义务，这成为国家在学术抄袭认定上进行监督的正当性基础。

其一，国家权力应当避免在学术抄袭认定上径行代替大学做出判断，侵害学术自由。与私法领域的抄袭不同，学术抄袭在认定逻辑、认定标准、认定依据与认定方式上具有独特之处。私法领域抄袭的认定标准固然可为学术抄袭的认定提供智识支持，但针对下列问题，学术抄袭的认定关涉各学科学术规范的认知，往往需要借助学术专业判断：（1）作品未注明出处复制的字数或比例达到多少才构成学术抄袭，以及是否包括自我抄袭，即行为人使用自己发表过的著作却未加注明；（2）对他人文献进行文字上的改述或翻译达到何种程度构成抄袭；（3）引用他人的实验数据、调查结果或其他素材而不加注明达到何种程度；（4）即便进行了标注，引用超过多少构成学术抄袭；（5）如何认定思想剽窃，同时区分思想的再发现。① 以上标准在定性与定量上，皆难有确定的规则可资指引。学术抄袭是否成立，往往需要凭借各学科领域的学术规范来加以判断。"在教育、法律、医学以及其他的专业领域所形成的内部伦理规范，能独立且娴熟地应对抄袭问题。"② 因而在学术抄袭治理的问题上，国家权力不应介入学术专业本身的判断。

国家立法采用抽象的不确定法律概念，若能通过适当的方式明确其法律意涵与法律后果，则符合法律明确性原则。如针对德国《巴登乌腾堡州大学法》中规定的"学术尊严"（Würdigkeit）概念，联邦宪法法院即主张基于此概念蕴含的学术相关性，与法律明确性原则不相抵触。③ 无论是立法机关、行政机关还是法院，都应避免对大学自治范围内的事项进行判断。在"甘露案"再审判决中，最高人民法院对当时适用的

---

① 参见理查德·波斯纳《论剽窃》，沈明译，北京大学出版社，2010，第118页。
② Roger Billings, "Plagiarism in Academia and Beyond: What Is the Role of the Courts?" *U. S. F. L. Rev.* 38 (2004): 428.
③ BVerfG, 03. 09. 2014 – 1 BvR 3353/13.

《普通高等学校学生管理规定》第 54 条第 5 项中的"剽窃、抄袭他人研究成果"做出限缩解释，将课程论文排除在抄袭适用的范围之外，对"情节严重"从数量、比例与社会影响等角度进行阐释，已有僭越大学自治的重大嫌疑。

其二，抄袭的认定应当服务于学术自由的保障。大学自治不能脱离国家监督，而应受到国家立法的原则与目的约束。当学术自由被滥用致使学术活动与学术伦理遭受侵害，基于学术自治，国家立法应当赋予高校组织特定的委员会对事实进行调查并做出相应结论的权力。[①] 国家立法的授权"意在要求大学对于抄袭个案的认定，不能违反授权所欲达成落实学术伦理、保障学术自由的基本规范目的"。[②] "学术自由"的概念曾出现在国务院政府工作报告中且被全国人大予以确认。[③] 我国《宪法》第 47 条规定的"科学研究、文学艺术创作和其他文化活动的自由"是学术自由保障的根本规范，构成了大学自治的正当性基础。法院在司法实践中亦将"大学自治"[④] 或"学术自治"[⑤] 视为基本原则来论证高校的自主空间。

但大学自治并非毫无界限，既要保障学术自由，也须防止其他基本权利受到侵害。《教育法》第 30 条即明确学校应当"依法接受监督"。一方面，学术自由属于个人的基本权利，用以防御国家权力的侵害；另一方面，学术自由还要求国家积极保障个人的学术自由不受侵害，《高

---

①　Vgl. BVerwGE 102，304.

②　黄舒芃：《学术自由、大学自治与国家监督》，《月旦法学杂志》2013 年第 7 期。

③　参见国务院政府工作报告，在第六届全国人民代表大会第五次会议上，1987 年 3 月 25 日；《第六届全国人民代表大会第五次会议关于〈政府工作报告〉的决议》，1987 年 4 月 11 日。

④　参见西安市中级人民法院〔2006〕西立行终字第 22 号行政判决书。该案的主审法官将大学自治分为"学术自治"与"行政管理自治"，实际上误解了大学自治的内涵与基础。大学自治源于学术自由，是学术自由的重要制度性保障，与"学术自治"的概念在内涵上相同。而行政管理自治体现为日常的管理，属于国家立法授予的裁量空间，因而不可归入大学自治的概念之下。

⑤　参见最高人民法院指导案例 39 号、武汉市中级人民法院〔2006〕武行终字第 60 号行政判决书。

等教育法》第 10 条通过合法性约束对此予以确认。学术抄袭与学术自由之间存在紧张关系，国家应通过体制设计确保学术组织的有效运转（funktionsfähige Institutionen）。① 大学自治固然有助于增强学术组织的功能，但亦可能"失灵"。克服大学自治的失灵有赖于国家的外部监督，这也是学术自由"积极面向"的要求。在此意义脉络上，高校对抄袭的认定应当服务于学术自由的保障，"否则即已违背立法者借由授权学术自治来实现学术自由的授权意旨。"② 国家对大学自治的监督，既要通过立法弥补大学自治对学术自由保护的不足，又须保留必要的司法审查。

三　学术抄袭认定的二元规范框架的检讨

如前所述，学术抄袭认定应当摆脱私法的认识框架，其背后蕴含了国家监督与大学自治的互动关系。这使得我们有必要反思，在学术抄袭的认定上，国家如何既保持必要的监督，又不至于对大学自治形成僭越。

（一）抄袭认定的国家立法授权

迄今为止，对抄袭规定民事、行政责任以外处分措施的法律规范呈现出多元化的态势，从法律、规章到规范性文件不一而足。从现有规定来看，国家立法及相关文件几无例外授权高等学校（或相关科研机构）来对学术抄袭进行认定。

首先，就抄袭认定的标准而言，《著作权法》的解释及司法实践中有较为清晰的界定，学术抄袭的内涵在国家立法中未有明确体现。国家立法对此态度暧昧是属于立法的瑕疵，还是"有意之举"？以"甘露案"为例，最高人民法院在裁判中直接对当时适用的《普通高等学校学生管

---

① Vgl. BVerfGE 35, 79, S. 114; BVerfGE 93, 85, S. 95.

② 黄舒芃：《学术自由、大学自治与国家监督》，《月旦法学杂志》2013 年第 7 期。

理规定》第 54 条规定的"抄袭"采取了下定义式的界定方法，在当时的主审法官看来，这属于立法原意解释。立法原旨看似对个案的法律适用具有正当性，但国家立法能否对"抄袭"的内涵做出界定，则必须置于国家监督与大学自治的框架下进行考察。换言之，国家立法在抄袭认定上是否存在不可逾越的界限，进而避免形成对大学自治的僭越？进一步需要追问的是，抄袭认定争议发生后，司法审查在抄袭认定的立法标准缺乏时，该如何审查高校的抄袭认定？因此，国家立法对学术抄袭标准的设定边界有待进一步厘清。

其次，在抄袭认定的主体及相关程序上，国家立法未设定统一的模式，而是授权高校进行具体安排。①《高等教育法》第 42 条要求高等学校"设立学术委员会"，履行"调查、认定学术不端行为"的职责。《高等学校学术委员会规程》第 18 条赋予学术委员会"调查学术不端行为、裁决学术纠纷"的职责。《行为办法》第 26 条授权高等学校学术委员会"可以召开全体会议或者授权专门委员会"对是否构成抄袭及行为的情节进行认定。与此相对应的是，根据《国务院学位委员会关于在学位授予工作中加强学术道德和学术规范建设的意见》（学位〔2010〕9 号），学位评定委员会是各学位授予单位负责处理学位授予工作中舞弊作伪行为的评决机构。"评决"不仅包含处理决定，还蕴含了相关行为是否构成抄袭的评价。即便是学术委员会作为认定机构，但究竟是校学术委员会还是院系学术委员会对学术抄袭拥有实质上的判断权，又通过何种方式做出认定，国家立法含糊其词。尤其值得注意的是，院系学术委员会做出抄袭认定后，校学术委员会能否推翻该认定有待进一步商榷，"于艳茹

---

① 《学位条例暂行实施办法》赋予学位授予单位的学位评定委员会做出授予学位以及撤销违反规定而授予学位的决定的权力，以及《普通高等学校学生管理规定》第 52 条规定"学位论文、公开发表的研究成果存在抄袭、篡改、伪造等学术不端行为，情节严重的"，学校可给予开除处分，并不意味着由学位评定委员会或高校对是否抄袭做出认定。学术抄袭的认定与处分在主体与程序上出现分离，因而属于公法学探讨的不同面向。

案"恰好凸显了这一问题。①

同样地,《关于加强学术道德建设的若干意见》倡导重视专家在抄袭认定中的作用,高校"根据需要,可聘请相关学科的校内外专家组成学术规范专家界定小组,具体负责对违反学术规范的不道德现象和行为进行界定"。依据《高等学校学术委员会规程》第 18 条第 2 款,组织专家组是学术抄袭认定的必经程序,但未明确专家组的认定结论如何约束学术委员会。可见,同行专家的意见在学术抄袭的认定中具有何种拘束力,国家立法对此态度暧昧。

(二) 抄袭认定授权下的校规考察

国家立法在抄袭认定标准、主体等相关问题上的规定较为抽象与原则,是怠于履行立法义务还是将规则供给的自主空间留给高校,需要厘清国家权力与大学自治各自的边界。与此相对应的是,高校校规在抄袭认定的机制构建上呈现出"万花筒"的图景。

1. 抄袭认定的标准

在实践中,抄袭概念的边界并不清晰,这从高校校规的不同立场中可见一斑。一种做法是将剽窃与抄袭视为同一概念,统称为抄袭或剽窃。② 在抄袭的认定标准上,既包括论文内容、数据、问题解决办法的复制、使用或未注明出处,又包括将他人的学术观点据为己有。③ 另一种做法是对抄袭与剽窃进行二元归类。其中抄袭指"不注明出处,而作为自己的研究成果使用",剽窃强调"将他人的学术观点、思想和成果

---

① 在"于艳茹案"处理过程中,北京大学历史学系学位分委员会投票决定到底是否撤销其博士学位,有 7 人认为不应撤销博士学位,而应撤销相关学术奖励;有 5 人认为应撤销其博士学位;剩下 1 人弃权。但随后校方学位评定委员会以 20:0 的投票结果,一致认为应撤销其博士学位。参见《北大女博士"抄袭门"争议》,《南方都市报》2015 年 4 月 9 日,A16 版。

② 参见《内蒙古科技大学学位论文作假行为处理办法实施细则》第 2 条。

③ 参见《四川大学关于学位(毕业)论文抄袭、剽窃等学术不端行为的处理办法(试行)》第 4 条。

冒充为自己所创"。① 两者在概念界定上殊途同归，都将思想剽窃纳入学术不端的范围。故而，学术抄袭包括了狭义"抄袭"（或称为"文字抄袭"）与思想剽窃（或称为"思想抄袭"）。

从现有的高校校规来看，学术抄袭的认定主要包括实体标准细化与个案认定两种模式。

一是实体标准细化模式。此种模式强调以论文复制字数或比例作为抄袭的标准。② 连续引用他人作品超过一定字数或内容重复比例超过总字数一定比例时认定为抄袭。在重复比例上，高校规定不尽一致，如吉首大学、四川大学、厦门大学分别规定超过 20%、15% 与 10%。③ 有的校规甚至强调以检测报告中的"全文文字复制比"为主要认定依据。④ 对文字的表述方式进行改变，一般不影响认定为抄袭。至于思想抄袭，则未有明确标准，一般将使用他人受保护的观点构成自己论文的全部、核心或主要观点认定为剽窃。⑤ 在论文抄袭标准的规定上，有的高校还授权各学科结合其学科、专业特点制定抄袭的认定标准（但不得低于学校的认定标准）。⑥

二是个案认定模式。此种模式未对抄袭的字数或比例进行量化，将抄袭的认定权赋予相关的组织，如校学术道德委员会。⑦ 个案认定模式放弃了通过校规对学术抄袭的实体标准进行细化，仅概括地界定了"抄袭与剽窃"的概念，冀望依赖组织与程序制度在个案中对是否构成抄袭以及抄袭的严重程度进行认定。

---

① 参见《西安交通大学学术行为规范及管理办法》第 4 条。
② 参见《河北大学对学位论文抄袭剽窃、弄虚作假行为的处理办法（试行）》第 4 条。《吉首大学对学位论文抄袭剽窃、弄虚作假行为的处理办法》与河北大学的规定几乎相同。
③ 参见《四川大学关于学位（毕业）论文抄袭、剽窃等学术不端行为的处理办法（试行）》第 4 条、《厦门大学关于进一步加强研究生学位论文和学位授予管理的通知》（2019 年 12 月 19 日颁布）。
④ 参见《延安大学研究生学位论文作假行为处理办法实施细则》第 11 条。
⑤ 参见《河北大学对学位论文抄袭剽窃、弄虚作假行为的处理办法（试行）》第 2 条第 6 项。
⑥ 参见《河北大学对学位论文抄袭剽窃、弄虚作假行为的处理办法（试行）》第 10 条。
⑦ 参见《北京大学学术道德委员会工作办法》（校发〔2008〕66 号）。

2. 抄袭认定的组织与程序

在认定抄袭的模式上，各高校规定不一，包括以下类型。

一是类型化的直接认定模式。如河北大学通过校规赋予特定主体直接认定抄袭的权力，在论文评审、预答辩或答辩、学位评定阶段，可分别由外审专家、答辩委员会与学位评定委员会（或校学术委员会）直接认定抄袭。[①] 在直接认定模式下，校级学术组织仅承担抄袭认定的复议工作。

二是校级学术组织认定模式。尽管可借助计算机辅助审查，且由院系学术组织对抄袭进行初步认定，校学术委员会下设的学术道德监督委员会仍然是抄袭认定的最高评判机构。若对校学术道德监督委员会的认定结果有异议，当事人可向校学术委员会申诉。[②]

三是院级学术组织认定模式。院级学术组织是抄袭认定的主体，如学位评定委员会、学术委员会。校级学术组织仅针对抄袭认定提起的申诉进行复核。[③]

可见，在学术抄袭认定的二元规范框架下，国家立法与高校校规之间的关系陷入了混沌状态。一方面，国家立法在抄袭认定上赋予了高校广泛而模糊的权力；另一方面，高校在抄袭认定规则的供给上表现出了较高的积极性，在抄袭的认定标准、主体与程序构建上"百花齐放"。多元化本是大学自治的体现，但其亦暴露出了两大问题：一则学术抄袭的认定标准是否可规则化（借助国家立法抑或高校校规）以及可细化到何种程度；二则认定的主体与程序是否存在法律边界。由此需要审视的是，国家立法与高校校规在抄袭认定上各自的边界如何确定，这需要公法理论为之提供一个清晰而融贯的框架。

---

① 参见《河北大学对学位论文抄袭剽窃、弄虚作假行为的处理办法（试行）》。
② 参见《西安交通大学学术道德规范委员会章程》（西科大〔2012〕9 号）、《四川大学关于学位（毕业）论文抄袭、剽窃等学术不端行为的处理办法（试行）》。
③ 参见《湘潭大学关于学位论文抄袭剽窃及其它弄虚作假行为的处理办法（试行）》。

四　学术抄袭认定的权力界分与机制构建

从国家立法授权的意涵出发，学术抄袭认定的标准、组织与程序建构既主要属于高校自治的事务，也属于高校应当履行的义务。对学术抄袭争议的处理不可能脱离学术专业社群的判断，而这也是高校在抄袭争议的认定上，可享有大学自治特别是学术自治的原因。[①] 当然，大学自治并非意味着脱离立法约束与司法监督，而是应当贯彻立法授权，保障学术自由的实现。为防止高校自治的异化，基于宪法上学术自由保障的规范使命，国家立法应当为高校的自治设定框架。[②] 高校对学术抄袭的认定亦须遵循法定的组织与程序原则。司法权在学术抄袭认定纠纷中应担当起国家立法与大学自治的界分功能，既要审查抄袭认定是否背离学术自治与正当程序原则，又要避免介入学术抄袭的专业性判断。[③]

（一）抄袭认定标准的建构

除了著作权侵权意义上的抄袭外，学术抄袭认定标准的建构应当着眼于捍卫学术伦理与学术自由，围绕"违反科学研究行为准则与规范"展开。为维持国家的必要监督，国家立法及其解释应当确立学术抄袭标准设定的基本范围与要件。学术抄袭指在研究过程中盗用他人研究的文字、构想、过程或成果却未妥善注明，或者虽注明出处但不符合学术道德规范的行为。在范围上，学术抄袭不仅包括著作权侵权意义上的抄袭，还包括未达到"实质性相似"的表达抄袭、思想抄袭、自我抄袭、不合

[①]　参见黄舒芃《学术自由、大学自治与国家监督》，《月旦法学杂志》2013 年第 7 期。作者在这里采用了"学术自治"、"大学自治"的双重表达，并不表明两者存在概念上的隶属关系，其主张"大学自治作为学术自由的制度性保障，其主要诉求在于实现学术自治"。

[②]　伏创宇：《高校校规合法性审查的逻辑与路径——以最高人民法院的两则指导案例为切入点》，《法学家》2015 年第 6 期。

[③]　在"于艳茹案"中，法院仅对被告是否保障了原告的申辩权进行了审查，而放弃了对抄袭认定组织与方式的正当性审查，回避了实体纠纷的判断。参见北京市海淀区人民法院〔2015〕海行初字第 1064 号行政判决书。

理的引用、未注明出处的素材抄袭等。在要件上，相较于私法上的抄袭一般要求"抄袭物须发表"，即依据《著作权法》第 10 条规定，向不特定公众公开，学术抄袭无须以抄袭物发表为前提要件，诸如结课论文、学年论文、毕业论文等都可能构成学术抄袭。对此，2004 年教育部社会科学委员会的《高等学校哲学社会科学研究学术规范》对此并未设定基本原则。由于涉及科研伦理与学术规范的适用，学术抄袭认定的标准主要属于大学自治的范围，高校有权对此进行细化，无论是国家立法权还是司法权皆不应过多介入。① 同时，高校对抄袭标准的构建不能背离学术自治原则，将"对学校声誉造成不良影响"②、"产生的社会不良影响"③ 等不相关因素纳入考量。

高校在抄袭标准的建构上，应当摒弃较为机械的复制比例或字数标准，并且不能过度迷信抄袭检测软件。抄袭检测软件无法涵括所有的研究数据，难免产生"漏网之鱼"，也可能由于抄袭者通过表达修改的方式规避指控，面临检测科学性的质疑，更无法对须援引大量裁判、史料的研究的特殊性给予足够关照。何况，与《著作权法》"保护的是作品的外在表现形式，并不保护作品的构思、思想、观点"④ 有异，学术抄袭往往涉及思想抄袭，具有隐蔽性与欺骗性。如美国的"Turnitin"软件在检测后会出具一个包含"总体相似性指数（Overall Similarity Index）"的报告，并不会发出潜在剽窃的"警报"，而是由顾客来决定是否构成抄袭。⑤ 网络软件的运用固然有利于防止抄袭，却增加了抄袭认定的难度，使得"洗稿"现象时有发生。⑥ 对作品的翻译、改写、思想剽窃等

---

① 《高等学校哲学社会科学研究学术规范》亦强调其为"高校师生及相关人员在学术活动中自律的准则"。

② 参见最高人民法院〔2011〕行提字第 12 号行政判决书。

③ 参见《四川大学关于学位（毕业）论文抄袭、剽窃等学术不端行为的处理办法（试行)》。

④ 参见福建省高级人民法院〔2011〕闽民终字第 15 号民事判决书。

⑤ 参见理查德·波斯纳《论剽窃》，沈明译，北京大学出版社，2010，第 98~99 页。

⑥ 参见谢嘉图《论规制网络洗稿的社会规范路径——以反思著作权法的功能为逻辑展开》，《电子知识产权》2019 年第 8 期。

情形很难通过相似性对比进行认定，往往须借助谙熟专业脉络与总体研究状况的专家判断。因此，软件的检测结果一般只能作为抄袭认定的参考依据之一，如果对抄袭认定放弃精细化的专业判断，无异于纵容抄袭的灰色地带存在。

（二）抄袭认定主体的设定

基于国家监督权的退让与大学自治的张扬，高校的组织应被赋予必要的权限，对学术自由的滥用行为或侵害其他基本权利的行为进行调查并做出处理结论，否则无异于认可一种毫无限度的学术自由。[1] 除非涉及"不符一般常理"的明显抄袭，对抄袭的认定应当依赖学术专业社群。这不仅因为抄袭的认定属于学术事项，还是保障学术活动及其自律性（Eigengesetzlichkeit）的必然要求。[2] 特别是随着数字技术的发展，文献检索功能日益强大，学术成果的归属认定变得更加困难，这对抄袭的认定提出了重大挑战。学术抄袭的认定离不开各个学科领域的学术准则，基于各个学科领域研究范畴、方法与思想脉络的特殊性，学术专业规则的自律性不容抹杀。抄袭认定主体的构建应当将"学术相关性"（wissenschaftsrelevant）[3] 纳入考量，方能保障对复杂的抄袭问题处理的专业性。因而抄袭认定的主体宜依据抄袭的明显程度与所涉及的专业领域进行类型化，建构直接认定与专门委员会审查的双轨模式。

一是直接认定模式。为避免烦琐拖沓的认定程序成为"诱使人抄袭的主要动因"[4]，抄袭认定的程序应当兼顾效率，及时回应公众。对明显"不符一般常理"的抄袭，如论文内容或文字较大比例重复，由院系学

---

① 　BVerwGE 102，304，S. 310.

② 　Helmuth Schulze – Fielitz，"Reaktionsmoeglichkeiten des Rechts auf Wissenschaftliches Fehlverhalten"，in：Wolfgang Löwer und Klaus Ferdinand Gärditz，Wissenschaft und Ethik（Mohr Siebeck，2015），S. 30.

③ 　Vgl. BVerfG，Urteil vom 29. 5. 1973 – 1 BvR 424/71 u. 325/72.

④ 　王敬波：《治理学术抄袭　法律不能缺位》，《中国教育报》2016年3月4日，第2版。

术委员会直接认定。① 直接认定程序能够减少抄袭治理的成本，又不至于侵害学术自由。

二是专门委员会审查模式。若抄袭的认定涉及高度的学术专业性，应当由相应学科的学术委员会组织抄袭认定的专门委员会，并吸纳校外专业社群的参与，从而"避免学术专业判断被曲解成个别大学、个别系所自己内部的判断，促使学术专业社群发挥真正的自治与自律功能"②。在抄袭认定具有争议的情形下，由涉及不同学科领域的校学位评定委员会或学术委员会，通过召开全体会议的方式对抄袭做出认定，违背了大学自治与自律的内部界限。③ 我国司法实践中主张"学术不端行为的认定通常需要调查人员具备相关研究领域较高的学术水准"④，一定程度上认识到了大学自治在学术抄袭认定上的界限。对此，国家立法应确立学术抄袭认定的基本原则，或由司法权援引正当法律程序原则对认定主体进行合法性审查。

（三）抄袭认定程序的保障

抄袭认定的程序构造须贯彻学术自治与正当程序原则。抄袭认定蕴含的学术专业性要求应当通过学术自治实现，学术自治着眼于"学术专业社群的自治"，不局限于某一院系，强调的是"个别学术专业社群根据其标准规则来认定"，因而抄袭认定的程序不忽视与校外专业社群的合作，方能增强学术自治的正当性与公信力。亦因此，应当排除校长会议、校学术组织、期刊杂志社以及个别专家等在抄袭认定中的主导作用。⑤ 抄袭认定的程序保障包括内部程序保障与外部程序保障。

---

① 参见河南省许昌市中级人民法院〔2018〕豫 10 行终字第 35 号行政判决书。
② 黄舒芃：《学术自由、大学自治与国家监督》，《月旦法学杂志》2013 年第 7 期。
③ 参见北京大学学位评定委员会做出的《关于撤销于艳茹博士学位的决定》（校学位〔2015〕1 号）。
④ 杭州市中级人民法院〔2017〕浙 01 行初字第 212 号行政判决书。
⑤ 参见《高等学校预防与处理学术不端行为办法》第 26 条、《北京大学研究生基本学术规范》（2007 年 1 月 11 日第 637 次校长办公会讨论通过）第 7 条。

一是内部程序的保障。(1) 校学术组织与院系学术组织的关系。校学术组织在抄袭认定中应当立足于"监督者"的角色，主要对抄袭认定进行形式审查，不宜介入实体决定，更不应恣意地推翻相关学科的专业判断。不少校规确立校学术委员会作为抄袭认定的主体，基于校学术委员会在学科组成上的多元化，这种认定程序违背了抄袭认定属于学术事项的属性，不利于学术自治。(2) 抄袭调查与抄袭认定的关系。抄袭调查着眼于事实与证据的搜集和审查，抄袭调查小组应当由院系学术委员会组织，一般应由相关学术领域内与当事人无直接利害关系的至少 3 名校内外资深专家、学者组成。抄袭的调查与认定应当分离，从而避免"先入为主"的偏见。

二是外部程序的保障。尽管学术组织不同于法院或听证机构，做出纪律处分时同样须遵循正当程序的要求。[1] 这些基本的程序要求包括告知与说明理由、保障行为人举证与申辩的权利、利益回避、广泛参与、保密、无偏私的听证程序、遵循查处时效等。[2] 此种程序不仅旨在捍卫学术伦理，还应尊重涉嫌抄袭者的学术自由与学术声誉，"广泛的合作而非对抗"方能体现抄袭认定程序的精神。[3] 抄袭认定程序一般属于大学自治的范畴，但应当遵循基本的程序正义要求，从而减少认定的恣意。

五　结语

学术抄袭构成对学术活动与学术自由的侵害，不同于私法意义层面的著作权侵权，更多地受到学术伦理规范的调整。就此而言，学术抄袭的认定具有浓厚的公法色彩，应当摆脱私法认识的窠臼与纯粹法解释主

---

[1] Roger Billings, "Plagiarism in Academia and Beyond：What Is the Role of the Courts？" *U. S. F. L. Rev.* 38 (2004)：412.

[2] 930 F. 2d 960 (1st Cir. 1991).

[3] Eberhard Schmidt-Aßmann, "Fehlverhalten in der Forschung – Reaktionen der Rechts", *Neue Zeitschrift für Verwaltungsrecht*：NVwZ 12 (1998)：1225 – 1234.

义的路径，将其置于国家监督与大学自治的二元框架下进行考察。基于此，国家立法授权高校对学术抄袭进行认定，既蕴含了国家权力在抄袭认定上的退让，进而赋予高校学术自治的空间，又要求高校积极落实抄袭认定组织与程序的保障义务，避免学术自治逾越内在的界限。

学术自由的自由权面向蕴含着国家权力在学术抄袭认定上的退让。基于学术自由的保护，学术抄袭的治理更多地体现为大学自治的事项，因而应防止国家权力的不正当介入。学术抄袭的认定标准往往关涉学术共同体的专业判断，无论是国家立法还是行政、司法的解释，都应避免形成对学术抄袭标准的实质性判断。在学术抄袭的专业判断上，司法应当尊重大学基于学术共同体的专业判断与正当法律程序所做出的抄袭认定。

学术自由的客观法规范不但面向立基于"禁止基本权利保护不足"原则，还要求国家权力在学术抄袭认定上保留必要的法律监督，以防止高校凭借"大学自治"的旗号侵害学术自由。国家立法应当确定学术专业社群的自治与正当法律程序原则，以防止高校在学术抄袭认定主体与程序建构上陷入恣意。同时在学术抄袭的认定上，司法固然应保持节制，但不能消极懈怠，还须考察"高校决定是否恣意或非理性（arbitrary or irrational）"。[①] 这包括抄袭认定是否遵循了正当法律程序与学术自治的原则，以及相关的证据是否足以支持对抄袭的认定。

概言之，就学术抄袭的认定而言，国家权力与大学自治应当着眼于学术自由的保障与学术伦理的捍卫，各司其职，各尽其责。这也由此划定了国家立法与高校校规各自的边界。

---

① Roger Billings, "Plagiarism in Academia and Beyond: What Is the Role of the Courts?" *U. S. F. L. Rev.* 38（2004）：394.

|第八章|

学术抄袭治理的责任分配与完善

高等学校是预防和查处学术抄袭的主要阵地与重要主体，在学术抄袭的治理上应当履行自我规制的义务。同时，包括立法、行政与司法在内的国家权力亦应发挥监督与保障功能。这些不同主体于学术抄袭治理责任分配上体现为何种法律关系，现有的学术研究未能提供清晰的答案。① 学术抄袭的治理应当实现立法机关、行政机关、高等学校与司法机关的共同治理，且在责任分配上发挥国家监督与大学自治的双重功能。学术抄袭的治理不仅包括惩处面向，还应重视学术抄袭的预防与科研环境的培育。高等学校固然属于学术抄袭预防与惩处的主体，但不意味着其应当承担全面与过载的责任，科研环境的改善以及科研诚信的培养离不开主管行政机关的推动。高等学校在学术抄袭的治理上应当忠实于法律的授权，避免学术自治的扭曲。司法机关对学术抄袭纠纷的解决在保持谦抑的同时，应当加强合法性审查职能的履行。

一 学术抄袭治理责任分配的基础

学术抄袭不限于著作权侵权意义上的抄袭，后者仅涉及私人之间

① 代表性的文献参见齐爱民、周伟萌《论学术抄袭的两面性：以学术规范和法律规范的区分为视角》，《重庆大学学报（社会科学版）》2010 年第 6 期。

的法益调整，通过民事侵权责任予以调整。学术抄袭不仅可能涉及对他人著作权的侵害，更会危害学术伦理与学术自由，相关立法的宗旨着眼于"维护学术诚信"的公共利益，而非特定私人权益的保障。① 学术抄袭违反了学术活动的基本伦理规范，主要属于学术规范调整的范畴。后者大多由研究机构或大学自行制定，包括禁止抄袭、剽窃、伪造或变造成果、不当署名等。这些行为与追求真理和知识的学术活动本质背道而驰，甚至扰乱学术环境、阻碍研究活动的发展，故而应当从公法上进行预防与治理。纵观世界各国的科研诚信管理体系，大致可以区分为科研机构的自主管理与国家监督并行的二元构造以及以科研机构的自主管理为核心的单层构造。如在日本，各科研机构以哪些学术不端为规制对象、如何开展学术不端行为的调查认定程序、如何实施研究伦理教育等，都由科研机构自主决定，文部科学省仅提供指导，且不对研究者及科研机构产生法律拘束力。② 这并不意味着国家完全放弃对学术抄袭的治理，国家监督与高校自主管理呈现出合作规制的形态。③ 这种合作规制受到法律保留与学术自治的双重约束。

（一）法律保留的范围

一方面，学术抄袭有违学术伦理，对学术自由与学术活动产生侵害，国家应当干预。对学术抄袭的治理伴随着责任与制裁，涉及基本权利的限制与剥夺，应当遵循法律保留原则。法律保留原则虽未在我国立法中明文规定，但在《立法法》等诸多法律中皆有体现。学术抄袭治理的何种事项属于法律保留的范围，理论与实践都没有确定的标准可供遵循。德国通过"重要性理论"（Wesentlichkeitstheorie）来明确法律保留的范

---

① 参见《高等学校预防与处理学术不端行为办法》第 1 条。

② 参见李成玲《日本学术不端规制的变迁与展望——兼论对我国的启示》，载《科研诚信建设与学术不端治理学术研讨会论文集》，郑州大学，2019，第 59 页。

③ 如日本文部科学省颁布了《有关科研不端行为的应对等事项的指南》，明确了大学等科研机构对学术不端行为的管理责任。

围,主要通过联邦宪法法院的裁判与学理予以形成。"某一事务对公民个人的基本权利影响越深远,对共同体的作用越重要,调整的社会问题越充满争议,法律规范调整就应当越精确和严格。"① 我国虽未形成"重要性理论"的学理与实践共识,但权利限制应当具备法律依据,可见之于《立法法》第 82 条等规定。学术抄袭导致的纪律责任与制裁必然构成对公民权利的减损,因而应当由立法做出明确规定。

此外,学术抄袭有损学术环境,与学术自由背道而驰,不利于保障作为基本权利的科学研究自由,也为国家公权力的介入提供了正当性,以维护学术伦理与研究活动的开展。我国《宪法》第 47 条第 1 句规定的"中华人民共和国公民有进行科学研究、文学艺术创作和其他文化活动的自由"一般被解释为"学术自由"的依据。该条款具有双重含义:一则学术自由作为消极权利排除国家公权力的不当干预;二则学术自由作为积极权利要求国家公权力履行作为义务给予保障。② 该条第 2 句要求国家对于"有益于人民的创造性工作,给以鼓励和帮助",蕴含着对侵害学术活动的行为进行治理的国家责任。维护学术诚信是保障学术自由的重要一环,国家保护的积极义务主要包括制度性保障以及组织与程序保障:前者要求国家权力建构预防与处理学术抄袭的制度框架与基本规则;后者要求国家通过立法明确学术抄袭处理组织与程序的基本框架,避免高等学校学术自治的局限性。

(二) 学术自治的范围

学术抄袭的判断与处理程序关涉学术自治,国家应当保障学术自治,避免在学术抄袭的治理上过度介入高等学校的办学自主权。学术自治虽没有为立法明文确认,但可从《宪法》第 47 条的科学研究自由、《高等教育法》第 11 条的"依法自主办学"以及指导案例 39 号等宪法、法律

---

① Hartmut Maurer, *Allgemeines Verwaltungsrecht*, 17. Auflage(C. H. Beck, 2009), S. 121.
② 参见湛中乐、黄宇骁《再论学术自由:规范依据、消极权利与积极义务》,《法制与社会发展》2017 年第 4 期。

与具有拘束力的指导案例中获得正当性基础。是否侵犯他人的著作权，与学术抄袭是否成立没有必然联系，后者以是否违反学术规范与学术诚信为核心标准，因而不可简单地移植著作权侵权认定的对比方法。学术规范体现了"学术发展规律"与"学术活动长期积累的经验",① 其生成蕴含着学术社群的自律与专业伦理，而且具有发展的动态性，在不同历史阶段的要求具有差异，因此很难通过国家立法或规范性文件进行统一且细致的界定。

同时，学术抄袭的处理往往需要凭借专业共同体的自治来完成，与通过法院在民事案件中认定是否侵犯著作权不可相提并论。这也可解释为何《高等教育法》第 42 条授权作为学术组织的高等学校学术委员会对学术不端进行认定。《关于加强学术道德建设的若干意见》第 3 条第 5 款规定"对违反学术道德的行为……根据需要，可聘请相关学科的校内外专家组成学术规范专家界定小组，具体负责对违反学术规范的不道德现象和行为进行界定"，表明了专业自治是学术不端判断的重要路径。在学术抄袭的责任课予上亦是如此，相关的规定包括撤销学位应当"经学位评定委员会复议"、开除学籍等涉及学生重大利益的处理或者处分应当提交校长办公会或者校长授权的专门会议研究决定。

二　立法机关在学术抄袭治理中的责任

我国有关学术抄袭的治理已通过法律、行政法规、规章、其他规范性文件等一系列的立法与政策予以调整，包括《高等教育法》、《中华人民共和国科学技术进步法》、《学位条例》、《行为办法》、《科研诚信案件调查处理规则（试行）》等。立法对高等学校学术抄袭的治理原则、调

---

① 参见教育部社会科学委员会学风建设委员会组编《高校人文社会科学学术规范指南》，高等教育出版社，2009，第 5 页。

查与认定、处理、救济与监督等进行了较为细致的规定。首先在治理原则上，坚持预防为主、教育与惩戒结合的原则，要求高等学校完善学术治理体系，加强学术规范和学术诚信教育，健全学术规范监督机制与科研管理制度，建立科学的学术水平考核评价体系与学术诚信考核。其次在调查与认定上，对举报、受理、调查与认定进行了较为细致的规定。再次在处理上，明确了责任的类型与处理程序。最后在救济与监督上，设置了复核、申诉、行政监督等路径。

从规范与实践来看，有关学术抄袭治理的立法在标准、主体与程序等方面仍然会面临很多争议。

（一）标准的界定

立法需要合理地界定学术抄袭的标准。《行为办法》将其界定为"违反公认的学术准则、违背学术诚信的行为"，概念较为模糊，缺乏对学术抄袭的主观要件规定。援引他人文献未注明出处未必构成学术抄袭，对后者的认定不能局限于客观要件，尚须考察主观要件是否成立，即行为人是否具有故意或者重大过失。《高校人文社会科学学术规范指南》即区分了"学术失范"与"学术不端"，并将前者界定为"技术层面违背规范的行为，或由于缺乏必要的知识而违背行为准则的做法"，只是该指南由教育部社会科学委员会学风建设委员会组织编写，不具有法律约束力。对于主观上不存在故意或重大过失的学术失范行为，不宜认定为违反学术诚信。"学术伦理既为保护学术环境的诚信风气，如果引用者是出于过失，未必能直接认定是违反诚信的行为，仍然需要就引用的范围、内容、占著作的比例……等问题进行综合认定。"① 换言之，立法上应当区分学术抄袭与因疏忽或缺乏必要知识导致的"引用缺失"。一些高校校规仅将过失作为从轻或减轻处理的情形，某种程度上可归因于

---

① 许育典：《抄袭、引用与挂名的学术伦理争议——评台北高等行政法院 106 年度诉字第 108 号判决》，《月旦裁判时报》2019 年第 6 期。

学术抄袭的主观要件在立法上的缺失。①

（二）主体的构建

学术抄袭治理主体的立法构建应当遵循专业判断与学术自治原则。《高等教育法》第 42 条规定由"学术委员会"来调查、处理学术不端行为，仍然搁置了很多争议。一些争议能够通过法律解释得以澄清，如《学位条例》第 17 条规定学位授予单位对于已经授予的学位，如发现有舞弊作伪等严重违反本条例规定的情况，经学位评定委员会复议可以撤销。有学者主张该条款与《高等教育法》第 42 条存在法律冲突，② 值得商榷，其未注意到调查、认定与课以责任的权力可以分离。尽管开除学籍、撤销学位在立法上已设定了相应的处置主体，但学术抄袭的处置主体与认定主体不可混为一谈，《行为办法》即将调查权、认定权与处理权分别规定。

如果法律解释不足以澄清立法规制学术抄袭的必要事项，则须通过立法完善予以明确。我国高等学校的学术委员会"一般应当由学校不同学科、专业的教授及具有正高级以上专业技术职务的人员组成"，这意味着特定学科的研究成果是否构成学术抄袭，校级学术组织判断尚不具有足够的专业性。多年前"刘燕文案"即暴露了在学位授予上"外行审内行"的问题，学术抄袭的认定并非简单地通过文字比对完成，还需借助思想脉络、观点对照、研究方法、论证过程与格式规范等多方面的专业判断，因而应当通过专业自治予以保障。高校校规一般规定院系学术委员会、学术道德建设委员会等专业组织针对是否构成学术抄袭进行调查与初步认定，校学术委员会的最终认定与院系的初步认定发生冲突便在所难免，司法实践一般以校学术委员会属于最高学术机构与有权认定

---

① 参见《苏州大学学术不端行为认定与处理办法（试行）》第 29 条、《中国药科大学学术不端行为查处办法》第 12 条。
② 参见张航《论学位撤销程序法治化及其建构方案》，《高教探索》2021 年第 2 期。

主体为由支持其结论。① 法律解释方法的运用恐怕无助于澄清该种争议，基于专业自治，立法应当直接规定校学术委员会尊重院系学术组织的初步认定结论，除非存在明显不合理并履行说明理由的义务，不得恣意推翻。

（三）程序的完善

在学术抄袭的治理程序上，应当通过立法完善实现专业自治与外部监督相结合。首先是专业自治的保障，除非涉及明显抄袭的情形，是否构成学术抄袭，应当由相关学科专业人员构成的学术组织，通过合议制的形式进行调查与认定。现行法律仅规定了学术委员会与学位评定委员会应当采取合议制形式，但未明确调查组、专门委员会的议事形式，是为不足。在调查组、专门委员会的人员构成上，立法也应当确立基本条件，限定为同行专家或相关领域专家，人员构成应为奇数。

此外，由于院系的同行专家与涉案人员之间具有利害关系，若完全由校内专家组成调查组或专门委员会，不利于调查认定权的公正行使。《行为办法》仅规定了"与举报人或者被举报人有合作研究、亲属或者导师学生等直接利害关系"，严重限缩了利害关系的范围。"国家有必要在各大学自治规章的组织与程序设计上，进一步要求大学在处理抄袭争议案件的过程中，纳进校外学术专业社群的参与，借由倚重学术专业社群的校际合作，避免学术专业判断被曲解成个别大学、个别系所自己内部的判断，促使学术专业社群发挥真正的自治与自律功能。"② 实践中，高等学校有关学术抄袭治理的校规一般照抄国家立法的程序规定，没有充分地发挥学术自治的功能。③ 因此，我国立法宜直接规定相关的调查组或专门委员会，应当有超过半数比例的外部同行专家参与，以加强专业自治与外部监督的实际效果。

---

① 参见北京市第二中级人民法院〔2020〕京 02 行终字第 5 号行政判决书。
② 黄舒芃：《学术自由、大学自治与国家监督》，《月旦法学杂志》2013 年第 7 期。
③ 参见《清华大学预防和处理学术不端行为办法》第 12 条。

三　行政机关在学术抄袭治理中的责任

教育部、国务院有关部门和省级教育部门也担负着学术抄袭的治理责任。根据《行为办法》，其职责包括"制定高等学校学风建设的宏观政策，指导和监督高等学校学风建设工作，建立健全对所主管高等学校重大学术不端行为的处理机制，建立高校学术不端行为的通报与相关信息公开制度"。除了通过规章与其他规范性文件对学术抄袭治理的惩处规则进行完善外，行政机关对学术抄袭的治理还须更多地关注处于前端的科研环境的改善以及科研诚信的培养。

（一）体制改革

学术抄袭治理责任分配的理性模式建立在大学自治较为充分的情境之上，因而我国学术治理体制的现实状况还应当得到充分关照。学术抄袭本质上属于科研失信行为，其发生的背后有学术评价体系扭曲、学术理论教育不足与人才培养机制薄弱等多方面的原因，对其治理不能局限于"头痛医头，脚痛医脚"，而应当立足于更为全面的学术与教育体制改革。预防为主、教育与惩戒结合的原则在我国多部法律与规范性文件中得以强调。《行为办法》第5条确立了高等学校为学术不端行为预防与处理的主体，凸显了学术自治的重要价值，仍不能否认，当下中国学术评价与治理的国家引领具有较强的作用，破除唯论文、唯数量等不良倾向还有待行政权实质推动。如教育部于2018年开展清理"唯论文、唯帽子、唯职称、唯学历、唯奖项"的专项行动，于2020年发布《关于破除高校哲学社会科学研究评价中"唯论文"不良导向的若干意见》，即营造良好学术环境的体现。这意味着，在并非理想化的国家监督与大学自治的关系框架下，学术抄袭的治本之策并非一味地将相关的义务与责任课予高等学校，体制上的改革还须借助行政公权力手段来实现。

（二）信用惩戒

学术抄袭的治理除了民事责任与行政责任外，还应当纳入社会信用体系建设中，进而弥补法律责任在预防功能上的不足，也可克服法律责任受制于法律保留产生的僵化。国家发改委、科技部等部门在 2018 年联合发布的《关于对科研领域相关失信责任主体实施联合惩戒的合作备忘录》体现了治理手段多元性的尝试，使得科研失信受到联合惩戒，为构筑诚实守信的科技创新环境提供有力的助推。适用失信惩戒的主体包括科技计划及项目的承担人员、科学技术奖候选人等，不包括所有从事学术活动的主体。适用情形限于科研领域的严重失信行为，但未得到具体界定。惩戒类型则涵盖科研、金融、招标、投资等领域的 43 项处罚或限制措施，范围极为广泛。失信惩戒的功能在于弥补法律手段的局限性，而不能越过法律限制，形成对学术抄袭者的"过度威慑"。因此，行政机关在科研诚信体系的构建上，应当回归初衷，一方面形成信用治理与法律手段多管齐下的局面；另一方面应当在强化科研信用建设的同时，避免手段本身的合法性质疑。

四　高等学校在学术抄袭治理中的责任

一方面，立法对学术抄袭的治理明确了原则、主体、程序、责任与监督等问题；另一方面，《行为办法》第 39 条授权高等学校结合学校实际和学科特点，制定学术不端的查处规则及处理办法。在立法定位上，高等学校是学术不端行为预防与处理的主体。从现有制度与实践来看，高等学校在学术抄袭治理责任上存在过度承载与恣意扭曲的双重困境。

（一）承担适度责任

高等学校在学术抄袭的治理上应当承担适度的责任。高等学校固然属于学术抄袭的预防与惩处主体，但并非要超越学术自治的范围承担全面责任。这些过度承载的责任包括："完善学术治理体系，建立科学公正的学术评价和学术发展制度"；"教师……对学生公开发表论文、研究和撰写学位论文是否符合学术规范、学术诚信要求，进行必要的检查与审核"；"建立对学术成果、学位论文所涉及内容的知识产权查询制度"等。学术治理体系与学术评价制度的构建，不仅属于高等学校的责任，也离不开行政机关引领的体制改革。教师对学生论文的指导，不意味着其要对所有的学生抄袭承担无过错的结果责任，关键在于是否履行了科研诚信的培养与职责范围内的学术指导义务。知识产权的查询制度仅是预防与发现学术抄袭的辅助手段，随着"网络洗稿"的兴起，思想抄袭变得更加隐蔽，更为可行的办法是加强同行的审查与评价制度，完善人才的培养机制。

（二）贯彻法律授权

高等学校在学术抄袭的治理上应当忠实于立法赋予的授权。由于各个高等学校在组织结构、学科布局与对学术规范的要求等方面千差万别，国家立法无法为学术抄袭的认定标准、查处规则、惩处标准与处理程序设定完全统一的规则。《行为办法》第39条的授权蕴含了学术自治的空间，但不可与完全放任画上等号。高等学校应当在学术自由与学术自治的框架内贯彻立法授权的意志，对学术抄袭的行为进行查处，避免学术自治遭到扭曲。

在学术抄袭的认定标准上，高等学校过度依赖文字复制比例，忽视行为者是否存在主观过错，未注意到一些学科更多地依托其他文献进行研究的学科特点等倾向，皆可能对学术抄袭的界定产生不当影响。① 过度依赖文字复制比例，既未考虑到互联网背景下反抄袭手段的利用，也针对不同学科的研究方法与特点采取了一刀切的做法。在研究过程中使

---

① 参见伏创宇《国家监督与大学自治框架中的学术抄袭认定》，《行政法学研究》2020 年第2 期。

用他人成果未注明出处，可能源自学术规范意识不足，不能绝对地视为违反学术诚信。基于学科不同与研究方法的差异，对文献的利用程度并没有确定的标准可供遵循，法律规范与历史资料的分析必然要引用更多的文献，导致文字复制比的提升，而这未必意味着学术创新的减弱，更不可与学术抄袭简单地画上等号。

在学术抄袭的处理标准上，进行不相关因素的考量、违反比例原则的情形时有发生。如有大学将"在学术界和社会上产生恶劣影响者"和"凡被司法机关依法判定犯有抄袭、剽窃等违法行为"[①]作为学术抄袭情节严重的情形对待，具有考虑不相关因素的嫌疑。学术抄袭的治理所欲达成的目的是维护学术诚信与促进学术发展，抄袭事件是否引发广泛的舆论关注、造成恶劣的社会影响，与此立法目的之间并无直接相关性，将该因素纳入考虑可能会导致高等学校在学术抄袭的处理上，为回应社会关注而"快刀斩乱麻"，违背学术抄袭治理的初衷。司法机关有关抄袭的生效民事裁判对高等学校的认定固然具有拘束力，但仅局限于民事侵权层面的判断，不能直接作为高等学校做出严厉惩处的标准，否则有违比例原则。

（三）遵循学术自治

在国家对学术抄袭进行治理的基础上，高等学校有权设定更为严格的标准。以学术抄袭的范围为例，实践中出现了高等学校从严治理的现象。不同于著作权侵权要求有损害事实，以侵权作品已经发表为前提，学术抄袭的指向对象还包括毕业论文、学位论文、未公开发表的论文等。最高人民法院在"甘露案"的裁判[②]中，将当时适用的《普通高等学校学生管理规定》第54条所规定的"剽窃、抄袭他人研究成果"限缩解释为学位论文与公开发表的论文，且此后该规章的修改亦同样限缩了抄

---

① 参见《兰州大学研究生学术道德规范（试行）》（校研字〔2010〕16号）。
② 参见最高人民法院〔2011〕行提字第12号行政判决书。

袭的认定范围，这些都与"维护学术诚信"的立法宗旨背道而驰。未公开发表论文的抄袭虽未侵害他人的著作权，却违反了学术规范与学术伦理。因此一些高等学校在制定校规时，将国家立法排除的"课程论文"纳入学术抄袭的认定范围。[①] 学术活动的展开更多地属于高等学校自治的范围，如何界定学术抄袭，高等学校有权在立法的基础上做出符合学术自治的规定。

五　司法机关在学术抄袭治理中的责任

在学术抄袭的治理中，法院针对个案往往进行较低限度的正当程序审查，不愿意介入实体问题，这一状况应当得到改观。是否属于学术抄袭，抄袭的严重程度如何，往往涉及专业判断，法院基于行政判断余地应当恪守司法谦抑的立场，仅能对学术抄袭的认定与处理决定进行合法性审查，指导案例 39 号亦表明了这一司法审查立场。然而，合法性审查并非拘泥于形式合法性的维度，其基础与依据应当从法律规范拓展至立法意旨、法律原则与正当程序，基于实质合法性，积极发挥对学术抄袭处理的实体与程序问题的监督职责。

（一）实体审查

法院应当在学术抄袭处理的实体问题上贯彻立法的意旨。在学术抄袭的认定上，法院需要考察学术抄袭的主观要件与客观要件，如涉案人对论文未标注的行为是否具有恶意或重大疏忽，论文的抄袭是否明显，对抄袭惩处的追溯是否具有时效等，法院不能一概予以回避审查。如在"李涛不服被告华南理工大学撤销学位决定一案"中，原告提出涉案论文"引用的是教科书上的基础理论和算法，属于自由使用的内容，也不是原文作者的原创，学术论文大量直接使用而不加标注不属于恶意严重

---

① 参见《中山大学学术道德规范》（中大研院〔2018〕66 号）。

抄袭"，但法院主张被告经过调查核实、审议以及校外专家评审，进而驳回了原告的理由，实质上回避了对抄袭实体要件的审查。尽管立法未明确学术抄袭的含义，但实践中已有法院对抄袭的概念进行界定，并对是否构成抄袭进行判断，强调了学术抄袭与著作权上抄袭的差异，进而避免因适用私法上的抄袭概念导致学术抄袭范围的限缩。①

（二）程序审查

法院应当加强对学术抄袭惩处的正当程序审查。从有关学术抄袭纠纷引发的行政诉讼实践来看，法院对正当程序的司法审查局限于高等学校在做出不利决定前是否听取了当事人的陈述与申辩。"于艳茹案"的裁判乃正当程序审查的典型案例，其指出"北京大学在做出《撤销决定》前由调查小组进行的约谈，不足以认定其已经履行正当程序"。② 除了是否保障当事人的陈述和申辩权利外，法院对当事人提起的其他程序争议基本采取回避的态度。如针对大学学术道德建设委员会对涉案论文做出"标准不明确、无法认定是否构成抄袭剽窃"的结论后，大学学术委员会却做出不同的认定意见，法院以大学校规规定"学术委员会是学校最高学术机构，领导学术道德委员会的工作"为由，支持了抄袭认定的合法性。③ 这种消极的司法观缺乏对正当程序的进一步追问，包括学术道德委员会在抄袭认定上具有何种地位，以及学术委员会在不说明理由的情形下推翻前者的决定是否构成恣意等问题。从立法授权与学术自治的角度，法院应当进行实质的合法性审查。

---

① 参见沈阳市中级人民法院〔2019〕辽01行终字第1019号行政判决书。该项裁判指出，在学位论文审查过程中的"抄袭"定义也同《著作权法》中的"抄袭"定义不同。对于学术成果的使用和《著作权法》上的"抄袭"问题的关注点在于使用他人学术成果是否获得许可等方面，而在学位论文的审查过程中"对在先发表论文文字的使用"是否构成"抄袭"等问题则着重于对他人在先公开发表的文字作品中的文字，是否未标注而引用。

② 北京市第一中级人民法院〔2017〕京01行终字第277号行政判决书，另参见北京市海淀区人民法院〔2016〕京0108行初字第324号行政判决书。

③ 参见北京市第二中级人民法院〔2020〕京02行终字第5号行政判决书。

六　结语

学术抄袭的治理属于一项复杂的系统工程，需要立法机关、行政机关、高等学校与司法机关在国家监督与学术自治的框架下，进行适当的责任分配并展开合作。同样重要的是，要改革学术评价的体系与人才培养的机制，形成有利于促进学术创新和发展的人才培养与科研环境，才能从根本上减少学术抄袭的发生。

第九章

导师预防研究生学术不端义务的设定

面对研究生学术不端、论文作假等现象的频繁发生，教育部文件"教研厅〔2019〕1号"直陈"暴露了导师责任还未完全落实"。[①] 在研究生学术不端的预防上，我国已颁布了一系列的文件，但对导师的义务与承担责任的构成要件缺乏明晰的规定。学界对研究生导师的责权机制、导师与研究生的关系、导师防范研究生学术不端的责任进行了一些关注与研究，但导师对研究生学术不端行为的归责原则、义务设定以及违反义务的追责等问题还有待进一步澄清。厘定导师对研究生学术不端的预防义务，既要有利于充分发挥导师在预防研究生学术不端中的积极作用，也应当防止导师义务与责任的过度扩张，避免扭曲导师责任制并侵害导师的教学自由。这对《研究生导师指导行为准则》（教研〔2020〕12号）的义务履行与贯彻同样具有参考价值。

在研究生学术不端的预防上，我国立法对导师履行义务与承担责任的构成要件缺乏明晰的规定。对导师的追责既不能适用私法侵权上的过错归责原则，也不能采用结果归责原则。在行为归责上，导师预防研究生学术不端义务的适用面临着标准模糊、监督困难与因果关系缺乏等多重困境。导师在国家立法层面上被赋予的学术伦理教育义务、学术指导

---

① 《教育部办公厅关于进一步规范和加强研究生培养管理的通知》（教研厅〔2019〕1号）。

义务以及学术不端的事先审核义务，需要接受是否侵害高校办学自主权与教学自由的检验。导师对研究生学术不端的预防义务设定应当置于国家、高校与教师的关系视角下进行考察，遵循全面性、弹性与程序性要求，建立"综合考核为主，个案追责为辅"的监督体系，个案追责采用主客观相统一的归责原则。这对当下中国高校研究生导师立德树人职责的落实与研究生教育的改革皆具重要意义。

一 导师对研究生学术不端预防义务的适用争议

针对研究生的学术不端，导师是否尽到预防义务，在著作权侵权、大学纪律处分等领域皆可能产生争议。

（一）导师对研究生学术不端预防义务的适用场景

其一，在著作权侵权领域，导师是否尽到学术不端的预防义务成为民事侵权认定的标准。在"叶世龙诉范瑞强著作权侵权纠纷一案"中，涉案论文由指导的研究生"杨洁"署名，在论文"指导"一栏中注明其导师为"范瑞强"。一审法院以"范瑞强作为杨洁的指导老师，亦是侵权论文的署名作者"为由，对导师的民事侵权责任进行界定，却模糊了在导师为非署名作者的情形下对所指导研究生学术不端行为的预防义务。[①] 相较于一审法院的形式界定，二审法院采用了实质考察的方式，"范瑞强在被诉论文中署名为指导，其亦是杨洁的博士研究生导师、被诉论文的通讯作者，再结合被诉论文的名称为《撷要》，应当理解为范瑞强有参与该论文的创作，故范瑞强和杨洁构成共同侵权"。[②] 换言之，署名并参与研究生论文的创作，就意味着导师对研究生学术不端具有预防义务。

---

① 广州市天河区人民法院〔2014〕穗天法知民初字第 339 号民事判决书。
② 广州市中级人民法院〔2014〕穗中法知民终字第 1427 号民事判决书。

其二，在高校纪律处分领域，导师如何履行对研究生学术不端的预防义务，成为高校对导师给予纪律处分必须澄清的前提性要件。在"戴伟辉诉上海市教育委员会要求撤销教师申诉处理决定"中，法院以对研究生导师的纪律处分属于大学内部自主管理行为为由否定其可诉性，其中的实体问题得以凸显，救济路径上的障碍丝毫不能影响对导师预防研究生学术不端的义务的探讨。该案所涉高校并未进行详细的论证，仅引用国务院学位委员会发布的学位〔2010〕9号文件第六点第（二）项"对于指导教师，可做出暂停招生、取消导师资格的处理；严重败坏学术道德的，由学位授予单位依据国家有关学术不端行为处理办法进行处理"作为依据，并断言导师"缺少应有的认识，负有失察之责"。① 研究生学术不端行为的发生与导师的"失察之责"并不能直接画上等号，管中窥豹，导师履行义务与承担责任的合法性基础和具体标准皆应受到进一步的拷问。

上述的适用场景分别体现了民事侵权的认定与纪律处分的归责判断。相较于作为共同著作权人，导师作为研究生培养的第一负责人，其对研究生学术不端的预防义务的具体内涵、归责原则与相关责任，应当予以区别对待。

（二）导师对研究生学术不端预防义务的适用分歧

著作权的民事侵权以过错为条件，就指导研究生论文而言，导师是否署名、是否知情、是否参与写作过程都会影响到指导义务的认定。在民事侵权问题上，研究生所在高校、研究生导师对研究生学术不端的预防义务借助过错归责原则予以澄清。过错的认定并未有明确的标准可供依循，有一些可能还存在争议，如有法院主张大学在通过侵权人的学位论文答辩时，"按通常做法对答辩论文进行了审核，履行了学术不端系

---

① 参见上海市浦东新区人民法院〔2019〕沪0115行初字第279号行政裁定书、上海市第三中级人民法院〔2019〕沪03行终字第448号行政裁定书。

统测试程序，尽到了合理注意义务"①。"通常做法"既非源于法律的规定，也未通过具体制度予以确定。与平等主体之间的民事侵权判断适用过错归责不同，对研究生导师的纪律处分虽然被排除在行政诉讼的受案范围之外，但本质上属于公权力行为，不宜直接移植适用过错归责。从上述纪律处分案件可知，导师对研究生的学术不端承担的责任在归责原则与构成要件上都较为模糊。

有关导师对研究生学术不端的预防义务在学理上鲜有探讨。一种观点强调导师对研究生的学位论文的"各个重要关节点上切实负起监管之责，强化指导，严格把关"，即便导师对学术不端"不知情"，也应承担连带责任。② 类似的观点主张"导师对研究生的学术活动全面负责"，"若属导师督导不力、疏忽大意，则应追究导师的相应责任"。③ 连带责任本质上是要求导师对研究生学术不端承担全方位的预防义务，最终走向结果归责，其合理性备受质疑。④ 另一种观点则主张导师负责制是"有限责任制"，"须在法律约束下行使其在业务范围内的职责"。⑤ 然而，导师义务受到何种法律约束，"义务范围"所指为何，皆暧昧不明。我国现有法律中仅《普通高等学校学生管理规定》于第 23 条转学问题上采用了导师概念，无论是《教育法》还是《高等教育法》都未列举教师的具体义务，更遑论导师义务的法律规定。《中华人民共和国教师法》（以下简称《教师法》）第 8 条规定了教师的义务，并非专门针对导师。教育部 34、40 号令作为部门规章倒是有所涉及，一些高校亦制定了细则，但对导师义务的设定与具体化是否存在边界，未曾受过拷问。相较于导师的全面负责制，有限责任制的主张更具可接受性，只是导师对研

---

① 杭州市中级人民法院〔2018〕浙 01 民终字第 215 号民事判决书。
② 参见白强《切实履行导师育人职责 培养学生学术诚信品格》，《学位与研究生教育》2016 年第 9 期。
③ 陈平：《论导师负责制与研究生学术品质培养》，《学位与研究生教育》2007 年第 1 期。
④ 参见陈彬《学生学术不端，导师"该当何罪"》，《中国科学报》2013 年 8 月 1 日，第 5 版。
⑤ 左崇良：《研究生导师责权机制的法理分析》，《学位与研究生教育》2018 年第 8 期。

究生学术不端承担责任的归责原则如何，又具有哪些预防义务，亟需澄清。

二　导师对研究生学术不端预防义务的归责与内涵

专门针对导师的义务进行规定的法律规范几乎难以找到，《高等教育法》第 52 条"高等学校的教师、管理人员和教学辅助人员及其他专业技术人员，应当以教学和培养人才为中心做好本职工作"的规定并非仅约束研究生导师，从该条款也无法推断出研究生导师特有的义务。2013 年实施的《学位论文作假行为处理办法》（教育部 34 号令）第 5 条与 2016 年颁布的《行为办法》（教育部 40 号令）第 7 条均规定了导师对学生学术不端的预防义务，且前者还要求学位授予单位对"指导教师未履行学术道德和学术规范教育、论文指导和审查把关等职责"的情形做出警告、记过甚至开除等纪律处分。

即便如此，导师对研究生学术不端承担责任依然面临着结果归责与行为归责的选择，在预防义务是否履行的界定上缺乏明确的可操作性标准可供遵循。

（一）预防义务的归责分析

导师对研究生学术不端的归责原则缺乏明确依据，在具体适用上呈现出结果归责与行为归责两种截然相反的解读。结果归责是指研究生的学术不端一旦成立，导师即应当承担岗位责任与纪律处分责任。行为归责却不以结果为导向，导师承担责任以是否履行必要的指导义务为前提条件。

一种解读是在研究生学术不端领域实行导师的结果归责。《国务院学位委员会关于在学位授予工作中加强学术道德和学术规范建设的意见》（学位〔2010〕9 号）要求，若研究生具有"在学位论文或在学期间发表学术论文中存在学术不端行为"等舞弊作伪情形，学位授予单位可对指导教师做出暂停招生、取消导师资格的处理。《教育部、国家发展改革委、财政部关于深化研究生教育改革的意见》（教研〔2013〕1号）则直接规定"研究生发生学术不端行为的导师应承担相应责任"。上述两个文件皆未规定导师承担责任的构成要件，而是将导师责任与研究生学术不端直接挂钩，本质上属于结果归责。在实践中，一些高校采用了类似的归责方式，明确导师对研究生的学术不端"负有直接责任"①。凡是指导的研究生出现学术不端行为的导师即应被追责，或许受到了上述两个文件的影响。②

　　另一种阐释主张导师仅对研究生学术不端承担义务不履行的行为归责。《学位论文作假行为处理办法》第9条明确规定，指导教师未履行学术道德和学术规范教育、论文指导和审查把关等职责，其指导的学位论文存在作假情形的，学位授予单位可以给予警告、记过处分；情节严重的，可以降低岗位等级直至给予开除处分或者解除聘任合同。换言之，依照该部门规章，只有指导教师未履行特定职责时，才对学位论文的学术不端承担相应责任。《教育部关于全面落实研究生导师立德树人职责的意见》（教研〔2018〕1号）将"指导研究生恪守学术道德规范"作为研究生导师"立德树人"的职责之一，并规定未能履行立德树人职责的研究生导师将被研究生培养单位视情况采取约谈、限招、停招、取消导师资格等处理措施，重申了导师对研究生学术不端的行为归责。一些高校校规亦将"导师对研究生管理失职，致使研究生违反学术道德规范"作为对导师追责的前提条件，其不仅实施行为归责，还通过"致使"的规范表达强调导师失职与研究生学术不端之间具有因果关系。③

　　由上可见，有关导师归责在现有的制度中并未得到统一。实施结果

① 参见《复旦大学研究生指导教师岗位管理办法》第6条。
② 参见《华中科技大学研究生导师条例》（校研〔2013〕3号）第13条、《中山大学研究生指导教师工作规定》（中大研〔2019〕167号）第31条、《北京化工大学研究生指导教师资格审查管理办法》第7条。
③ 参见《湖南大学研究生学术道德规范实施细则》（研字〔2009〕6号）。

归责的初衷尚无法从法律文件中获得答案，有观点认为"导师连坐制实际上是在提醒导师对学生尽到指导、监督责任"，值得商榷。[①] 导师履行指导、监督责任并非要对所有的学生学术不端行为负责，两者不可相提并论。更何况，对导师进行"连坐"无法在现行法律框架中找到依据，可能严重地损害导师的合法权益。导师责任制的落实不能忽视了研究生这个更为重要的"责任主体"，而且研究生的教育"应从人才培养的系统层面统筹谋划、联动教育"。[②] 研究生学术不端的预防离不开高校、导师与研究生等各方主体的互相配合，对导师的结果归责将抹杀该种预防体系的多元性，使得导师的权利义务配置失衡。相较于结果归责说，行为归责说更具合法性与正当性，但须进一步厘清导师行为义务的具体内涵及履行的过错状态。

（二）预防义务的内涵分析

较早提及研究生导师对"研究生为学、为人"具有重要影响的文件是《教育部关于加强和改进研究生德育工作的若干意见》（教社政〔2000〕3 号），但该文件只是强调要构建"研究生导师教书育人"的制度，并未明确导师的具体义务。《学位论文作假行为处理办法》首次通过法律规范明确了导师对学位论文作假的预防义务，"指导教师应当对学位申请人员进行学术道德、学术规范教育，对其学位论文研究和撰写过程予以指导，对学位论文是否由其独立完成进行审查"。2016 年颁布的《行为办法》第 7 条第 2 款规定："教师对其指导的学生应当进行学术规范、学术诚信教育和指导，对学生公开发表论文、研究和撰写学位论文是否符合学术规范、学术诚信要求，进行必要的检查与审核。"上述两部规章调整的对象不同，在导师的义务上存在些许差别，但同时指向学术伦理教育与学术不端审查。从现行文件来看，导师在研究生学术

---

① 叶祝颐：《"学生抄袭导师连坐"是制度纠偏》，《中华读书报》2013 年 8 月 14 日，第 08 版。

② 参见阎岩《研究生学术不端导师要挨罚 落实导师责任制势在必行》，《光明日报》2019 年 3 月 22 日，第 02 版。

不端的预防上被课予了学术伦理教育义务、学术指导义务以及学术不端的事先审核义务。

其一，导师对研究生的学术伦理教育义务。教育部、国务院学位委员会联合颁布的《学位与研究生教育发展"十三五"规划》（教研〔2017〕1号）提出强化和完善导师负责制，进一步强化导师的思想政治教育责任，充分发挥导师对研究生思想品德、科学伦理、学术研究的示范和教育作用。《教育部办公厅关于进一步规范和加强研究生培养管理的通知》（教研厅〔2019〕1号）提出导师"既要做学术训导人，指导和激发研究生的科学精神和原始创新能力，更要做人生领路人，言传身教引导研究生树立正确的世界观人生观价值观，恪守学术道德规范，增强社会责任感"。"指导研究生恪守学术道德规范"是导师立法树人职责的重要内容。① 学术规范和学术诚信教育不仅是高校的义务，也是导师的职责。

其二，导师对研究生的学术指导义务。学术指导不仅包括对论文的指导，还涵盖知识的传授、学科前沿引导以及方法与规范的教导。《教育部、国家发展改革委、财政部关于深化研究生教育改革的意见》（教研〔2013〕1号）明确"导师是研究生培养的第一责任人，负有对研究生进行学科前沿引导、科研方法指导和学术规范教导的责任"。《研究生导师指导行为准则》（教研〔2020〕12号）进一步提出"强化研究生学术规范训练"与"加强培养过程管理"。可见，导师对论文的指导不局限于学位论文，针对研究生在读期间其他课程论文、公开发表的论文，导师亦应发挥专业知识探索、研究方法与学术规范方面的指导作用。

其三，导师对研究生学术不端的事先审核义务。中共中央办公厅、国务院办公厅于2018年印发的《关于进一步加强科研诚信建设的若干意见》指出："项目（课题）负责人、研究生导师等要充分发挥言传身教

---

① 参见《教育部关于全面落实研究生导师立德树人职责的意见》（教研〔2018〕1号）。

作用，加强对项目（课题）成员、学生的科研诚信管理，对重要论文等科研成果的署名、研究数据真实性、实验可重复性等进行诚信审核和学术把关。"一些地方政府文件更是提出"强化导师在指导研究生撰写学位论文过程中的责任和义务"。[①] 导师承担的学术伦理教育与学术指导义务的履行很难验证，未履行审核义务却具有兜底性作用并遵循结果导向，这某种程度上导致导师的事先审核义务成为预防研究生学术不端的重要手段。

然而，上述导师义务的规定看似明确，实则在是否履行的认定上面临较大的障碍与困难。

一则是调查上的困难，比如学术伦理教育、科研指导贯穿于研究生学习的全过程，很难通过证据来进行固定。同时，导师为规避被问责的风险，在指导过程中可能战战兢兢，事事要保留证据，甚至包括与学生的谈话记录，这可能导致指导过程的形式主义重于实质作用。

二则是方式上的不确定性，导师是否履行了研究生学术不端的预防义务并没有具体的标准可供遵循，如指导时间、次数、深度等。高校作为纪律处分的主体，依法应当对导师是否履行预防义务承担举证责任并予以说明理由，实践中却难以做到，最终简单地采取结果归责原则便成为便宜之计。

三是义务课予本身的正当性质疑。如学术不端的事先审核义务，需要通过形式审查、实验重复、文献检索等方式实现。个别手段如文献检索只是通过文字复制比例来发现学术不端，可能被学生借助改变文字表达等手段予以规避，本身具有局限性。除了形式审查，观点与思想脉络的考察要求导师谙熟特定领域的研究并具有一定的专业水平，而导师并非对各个专业领域样样精通，恐怕与导师义务主要是提供学术指导背道

---

① 参见《山东省人民政府学位委员会、山东省教育厅关于加强学位授予质量督查管理工作的意见》（鲁学位〔2011〕2 号）。

而驰。此外，该种义务的赋予难以逃脱过度加重导师负担的指摘。

三　界定导师对研究生学术不端预防义务的规范基础

一方面，导师对研究生学术不端的结果归责缺乏法律根基，另一方面，实施行为归责在义务履行上需要有更为夯实的规范基础作为支撑，以避免其标准的空洞与适用上的困境。这有必要进一步澄清导师对研究生学术不端预防义务的来源，界定导师的法律地位及其与高校（或其他培养单位）的法律关系。

（一）导师义务的来源

导师的法定义务包括了导师作为公民、教育教学人员、研究生的学术指导者三种不同身份的义务。① 其中与预防研究生学术不端相关的是作为教师与研究生的学术指导者两种身份。

首先，导师同时属于教师，受到《教师法》、《高等教育法》等法律的约束，两部法律都规定了教师的义务。与预防研究生学术不端相关的义务包括《教师法》第 8 条规定的对学生进行"思想品德、文化、科学技术教育"；《教育法》第 13 条规定的"履行法律规定的义务"；《高等教育法》第 52 条规定的"应当以教学和培养人才为中心做好本职工作"。从立法目的可以推出，教师义务的设定是基于教师承担着"教书育人，培养社会主义事业建设者和接班人、提高民族素质的使命"（《教师法》第 3 条）；基于"使受教育者成为德、智、体、美等方面全面发展的社会主义建设者和接班人"（《高等教育法》第 4 条）的教育方针，以及教育"应当坚持立德树人"的属性（《教育法》第 6 条）。学术伦理教育、学术指导与人才培养蕴含在导师作为教师应当承担的立德树人、培养人才的义务范围内。

---

① 左崇良：《研究生导师责权机制的法理分析》，《学位与研究生教育》2018 年第 8 期。

其次，教师成为导师源于研究生培养单位的聘任，导师与高校、科研单位之间属于聘任关系。亦因此，导师对研究生学术不端的预防义务还源于导师的岗位职责。有的高校在校规中即明确指出"研究生导师岗位是指导培养研究生的工作岗位"①，申请导师岗位便意味着同意接受高校制定的有关导师义务与职责的规定约束。导师义务除了契合国家立法对教师设定的一般义务，还来自所在高校研究生导师工作岗位的要求。有学者主张此种聘任关系属于民法上的"委托合同关系"，② 值得商榷。一则委托合同关系涉及私法利益的实现，与导师的聘任关乎研究生教育的公益属性不可相提并论；二则委托合同以意思自治为中心，权利义务的内容由双方协商形成，但导师的义务主要以法律规范、政府文件与高校校规为依托，双方的协商空间有限。

我国立法并未专门针对研究生导师设定义务，蕴含了导师乃工作岗位的基本定位。《教育部办公厅关于进一步做好研究生培养机制改革试点工作的通知》（教研厅〔2009〕1号）提出要进一步破除将导师"作为一个固定层次和学术称号的观念和做法"，实行导师岗位制，③ 基于此，导师义务除了蕴含教师的一般义务外，属于高校岗位职责设定的范围。《研究生导师指导行为准则》（教研〔2020〕12号）作为其他规范性文件，也只是"划定基本底线"，围绕导师的立德树人职责展开，对导师义务的规定体现为目标性导向与纲领性指引。亦因此，作为导师义务的重要来源，高校对导师岗位职责的设定应当遵循国家立法与不违反上位法的政策规定，且在人才培养与学术研究的目标下享有学术自治空间。高校对导师义务的设定也并非依照意思自治自由形成，一方面要落实立法与政策的意旨和精神，另一方面不得侵害导师的教学自由或培养自主权。

---

① 《华中科技大学关于改革研究生导师制度的意见》（校发〔2012〕39号）。
② 孙文桢：《法律视角下导师与研究生关系初探》，《学位与研究生教育》2017年第11期。
③ 《教育部关于加强博士生导师岗位管理的若干意见》（教研〔2020〕11号）表明导师"不是职称体系中的一个固定层次或荣誉称号"，《研究生导师指导行为准则》（教研〔2020〕12号）强调了"岗位聘任"与"岗位职责"。

（二）导师义务的边界

如前所述，我国法律规范及其他规范性文件中有关导师对研究生学术不端的预防义务的规定较为笼统与模糊。这并非规则的漏洞，而是因为在导师义务的确立上，存在国家与高校之间的二元划分。《高等教育法》第 11 条规定高校"依法自主办学"，第 34 条明确高校"根据教学需要，自主制定教学计划、选编教材、组织实施教学活动"，这意味着高校在法律框架内具有教学自主的权利。高校具有"教学自主权"在指导案例 39 号"何小强案"的裁判理由中亦得以承认。

除了高校享有办学自主权外，导师也具有指导的自主权。尽管《教育法》、《高等教育法》未明确导师的教学自由，导师的培养自主权可追溯至宪法上的学术自由与教育活动的本质，且得到一些高校校规的明文承认。学理上一般认为，我国《宪法》第 47 条规定的"中华人民共和国公民有进行科学研究、文学艺术创作和其他文化活动的自由"体现了对学术自由的保护，而学术自由包括了研究自由、教学自由与学习自由。[①] 如何对研究生进行学科前沿引导、科研方法指导和学术规范教导，本质上是学术与研究方法、成果的传授活动，因而可从学术自由中找到正当性的基础。此外，教学自由还源于"教育活动的专业属性"与"教育活动本身的特点"。[②] 研究生的教育过程具有灵活性与个体性，导师应当针对研究生的知识结构、认知水平、能力、性格与爱好等个体因素进行"因材施教"，享有研究生培养的弹性与自主空间。"教育是一个活生生的师生互动的历程，若期待教师适才适性而因材施教，则须给予教师一个开展其师生互动的自由空间。"[③] 个别高校的校规中也明确导师的

---

① 代表性的文献参见湛中乐、黄宇骁《再论学术自由：规范依据、消极权利与积极义务》，《法制与社会发展》2017 年第 4 期。

② 毛金德、陈践美：《教学自由与学术自由关系重审》，《中国高教研究》2014 年第 1 期。

③ 许育典：《从教学自由检讨九年一贯课程纲要》，《成大法学》2004 年总第 8 期。

"培养自主权"①　或 "在指导研究生过程中有自由表达学术思想、自行安排培养与指导工作的权力"。② 导师的培养自主权源于宪法与法律确立的教学自由，无论是国家立法还是高校校规对导师义务的设定，都不得侵害导师享有的教学自由。

高校的 "教学自主权" 与导师的 "教学自主权" 并不冲突，而是存在有机耦合。高校的 "教学自主权" 建立在教师享有研究自由与教学自由的基础之上，属于高校办学自主权的一种制度性保障，旨在发挥高校针对国家公权力不当干预的 "防御功能" 与国家对高校办学自主权的 "积极保障功能"。③ 一方面，国家公权力不得恣意侵犯高校在研究生教学与培养上的自主权；另一方面，研究生教育属于社会主义教育事业的重要组成部分，具有很强的公益属性，如何对研究生进行教育与培养，国家应当为高校预防研究生学术不端设定自治框架。相应地，导师的教学自由作为一项个体权利，应当受到法律规范与高校校规的双重约束。在法律规范层面上，教育必须贯彻国家的教育方针，着眼于 "培养具有社会责任感、创新精神和实践能力的高级专门人才" 的功能，坚持立德树人。在高校校规层面，导师受制于其工作岗位职责，其教学自由受到所在培养单位的监督。

为实现国家的教育方针，保障研究生的受教育权，同时维护导师的教学自主权，无论是国家立法还是高校校规，对导师义务的设定皆存在边界。其一，导师的教学自主权（die pädagogische Freiheit）源于作为教师拥有教学与培养的自主空间，以便更好地履行教育职责。"确定详细的学习目标与采用合乎目的的培养手段，属于教师在教学中的自主空间。"④ 自由与责任相伴相随，教学自由蕴含在教育职责的范围内，应当

---

① 参见《大连理工大学研究生指导教师工作导则》第 15 条。
② 参见《北京邮电大学研究生指导教师岗位职责和管理办法》第 14 条。
③ 参见伏创宇《高校校规合法性审查的逻辑与路径——以最高人民法院的两则指导案例为切入点》，《法学家》2015 年第 6 期。
④ Vgl. BVerfGE 47, 46, S. 83.

是负责任的有限自由。因而导师义务的设定应当着眼于负责任的研究生培养目标，死板地限定导师与研究生交流的频率、对研究生学术不端进行结果归责等，只会导致导师为避免违反义务或受到追责使得研究生培养形式化，与以负责任为目的的教学自由背道而驰。其二，高校的教学自主权旨在对抗国家权力的不当干预，其对导师义务的设定应当符合比例原则，进而平衡不同的利益与价值。比例原则包括适当性原则、必要性原则与均衡性原则，适当性原则要求导师义务的设定应当有助于实现负责任的教育；必要性原则要求在达到培养目的的前提下尽可能减少对教学自由的限制；均衡性原则要求导师义务设定所欲达成的公共教育目的与对导师权利与自由的限制成比例。

四 导师对研究生学术不端预防义务的界定

如上所述，导师对研究生学术不端预防义务的界定应当置于国家、高校与教师的关系视角下进行考察。

（一）国家对导师预防研究生学术不端义务的设定

基于教育事业的公益属性、学术自由的保障以及教育功能的积极实现，国家应当通过立法或规范性文件的制定为导师预防研究生学术不端设定义务。教育部出台的《研究生导师指导行为准则》针对"个别导师指导精力投入不足、指导方式方法不科学、质量把关不严，甚至出现师德师风失范问题"，旨在通过设定准则来对导师义务从国家层面进行必要监督与制度保障。公权力在完成宏观的制度建构后，应为社会主体保留秩序形成的自主空间。① 从现行的法定义务来看，学术伦理教育、学术指导围绕"立德树人"的教育目标展开，也属于研究生教育与培养的本职工作范围。具体如何履行导师义务，国家立法或文件应当着眼于培

---

① 任喜荣：《民法典对宪法秩序建构的回应及其反思》，《当代法学》2021 年第 3 期。

养目标设定与框架性指引，既要维护学术伦理与人才培养的质量，形成良好的学术实践，又要避免侵害高校的办学自主权与导师的教学自由。

比较有争议的是法律规范所设定的导师对研究生论文的事先审核义务。《学位论文作假行为处理办法》与《行为办法》赋予导师对研究生的公开发表的论文、学位论文是否独立完成、是否符合学术规范与学术诚信要求进行必要的检查与审核的义务。何为"必要"，立法对此含糊其词，高校可能通过校规针对导师设定较为严苛的义务。对导师而言，是否存在学术不端的审核无非是借助学术规范的形式审查、比对与检索、重复试验、思想脉络的梳理等手段。

形式审查一般只能解决学术失范的问题，但学术失范与学术不端在性质上截然不同，前者指"技术层面违背规范的行为，或由于缺乏必要的知识而违背行为准则的做法"，后者才是"违反学术准则、损害学术公正的行为"。[①] 至于对比与检索，一般由高校通过检索系统来完成，而且对发现学术不端具有一定的局限性，若课以导师此等义务实属不当。即便在检索后再由导师来进行兜底审查，通过改变文字表达规避抄袭认定、难以辨别的思想抄袭、篡改或伪造实验数据、由他人代写等学术不端行为，往往需要由"个别学术专业社群根据其标准规则来认定"[②]，或者有赖于他人的举报，导师恐怕难以单独承担发现与预防的重任。这可能致使导师过于谨小慎微，做出错误的专业判断，甚至举报所指导研究生的学术不端，进而破坏师生间的良好关系。[③]

现行国家立法中导师对研究生学术不端的事先审查义务应当限缩于学术失范的形式审查，否则有违比例原则。对是否在实质上构成学术不端进行评价，一则需要借助查重软件检测，二则有必要通过相关专业领

---

① 教育部社会科学委员会学风建设委员会组编《高校人文社会科学学术规范指南》，高等教育出版社，2009，第5页。

② 伏创宇：《国家监督与大学自治框架中的学术抄袭认定》，《行政法学研究》2020年第2期。

③ 参见北京市第一中级人民法院〔2016〕京01民终字第6244号民事判决书。

域的专家与学术组织的认定，二者并非导师所能承担的义务。即便经导师同意与研究生共同署名的科研成果发生学术不端，导师承担责任的原因不是违反了实质审查义务，而是因为导师参与了作品的形成。在导师对研究生学术不端的预防义务中，学术伦理规范教育与学术指导乃"治本之策"，促使研究生"不想"与"不能"学术不端，学术不端的事先审核义务应当居次要地位。在国家立法层面，导师的事先审核义务应当限缩于研究生的科研成果是否符合学术规范的形式审查，而不应扩大至学术不端的所有情形。

（二）高校对导师预防研究生学术不端义务的设定

由于国家立法并未进一步明确导师对研究生学术不端的预防义务，使得高校校规在导师制度的建构上反应不一。以教育部直属高校为例，笔者搜集到 75 所高校的研究生导师的管理办法，另外约一半高校未见或未专门规定研究生导师的具体义务。[①] 设定的导师义务大致包括一般义务与特别义务两种类型，都试图追求一定的履行可验证性。两者的区别在于是否直接针对研究生学术不端进行预防，虽非泾渭分明，但各自体现了一般预防与专门预防的特征（见表 9-1）。

"一般义务"与研究生学术不端的预防缺乏直接关联，包括遵守职业道德规范、提升研究生思想政治素质、培养研究生学术创新能力与实践创新能力、培养研究生严谨认真的治学态度、努力提高研究生培养质量、注重对研究生人文关怀等各方面，有助于间接减少研究生学术不端的发生。一般义务的设定较为全面，但纲领性与目标导向较强，即便参加培训、定期指导等义务具有一定的可验证性，基于因果关系的判断困难，对违反此类义务的行为难以进行个案追责。[②] 与此不同，"特别义务"直接针对研究生学术不端的预防，在国家规定的基础上强化了学术

---

① 教育部直属高校的目录参见教育部官网，http://www.moe.gov.cn/jyb_zzjg/moe_347/，最后访问时间：2021 年 5 月 7 日。

② 参见《北京化工大学研究生指导教师职责》。

表 9 – 1 导师对研究生学术不端的预防义务梳理

导师义务类型	难以验证义务	可验证义务	特征
一般义务	了解规章制度； 提升研究生的思想政治素质； 注重对研究生的人文关怀； 培养研究生的创新能力； 学科前沿引导； 加强研究生培养过程指导； 优化研究生培养条件； 指导学位论文并定期检查	参加培训；① 定期向基层研究所（室）汇报研究生情况和培养工作情况（如清华大学）； 每周至少亲自指导研究生一次（如北京大学、北京科技大学、湖南大学），或者每两周一次（中南财经政法大学、西南大学）；② 定期与研究生见面沟通、检查培养计划执行情况及解决培养过程中出现的问题（如西南交通大学）	一般预防
特别义务	学术道德与学术规范教育； 认真审阅研究生的学位论文和拟发表的学术论文（或专利、获奖等科研成果）	有责任检查、审核所指导学生公开发表的论文、研究和撰写学位论文的过程是否符合学术诚信要求（如清华大学）； 必须对所指导的研究生的学位论文和拟发表的学术论文等进行严格审查（如西南大学）； 研究生学位论文提交或学术论文发表前，同意并履行签名手续（如上海交通大学、西安交通大学）	专门预防

道德与规范教育、对研究生成果的检查与审核义务，特别是同意与签名义务。③

无论是一般义务还是特别义务，诸如"导师要精心组织和指导研究生撰写学位论文"④ 等难以验证的条款居多，高校校规也试图追求一定

---

① 有的高校规定"在岗导师每年至少参加一次"，参见《北京科技大学研究生指导教师岗位管理办法》第 21 条。

② 还有的根据指导对象、学习阶段做出较为弹性的规定，如"在以课程学习为主的阶段，对博士生学习的指导和检查，每月至少一次；对硕士生学习的指导和检查，每两周至少一次。在以科学研究、论文工作为主的阶段，应拟订周密的指导计划，及时研究和解决研究生培养工作中的问题"，参见《中国传媒大学研究生指导岗位教师工作细则》。

③ 参见《西安交通大学规范研究生学术行为实施办法》、《清华大学预防与处理学术不端行为办法》。

④ 参见《山东大学研究生指导教师工作规范》第三章。

程度的可验证性，进而检验导师义务是否得以履行。如明确规定导师"与研究生的沟通每月不少于4次"①，或者"一个学期未对研究生进行见面指导者"② 将被问责。这种条款意在强化导师对研究生的学术指导，并将其纳入导师岗位职责，体现了立法框架下的学术自治，但应当接受比例原则的检验。过于僵化的指导要求与以教学自由为基础的指导风格多元化背道而驰。就导师对研究生学术不端预防义务的设定而言，高校应当遵循负责任的教育目标，确保义务的全面性、弹性与程序性，在实现培养目的的前提下尽可能减少对教学自由的限制，实现两者之间的平衡。

其一，义务的设定应当具有全方位性。学术诚信教育与学术指导义务的履行，才是预防学术不端的根本之策，而不是冀望对导师设定较为严苛的特别义务来杜绝研究生的学术不端行为。对此域外的经验可资借鉴，美国导师对研究生承担的职责主要通过教师指南等校规明确，包括"提供综合有效的指导及建议、给予客观公正的评价及反馈、培养研究生学术诚信并促其专业发展、关注研究生实验安全、尊重鼓励研究生、提供经济支持和职业发展支持"等内容③，着重全过程与全方位的指导义务设定。德国科学基金会制定的《确保良好学术实践的指南》亦确立了导师对研究生的指导促进义务与研究发展支持义务。④ 导师义务设定的全方位性意味着不应"头痛医头，脚痛医脚"，更不应对国家规定形成扭曲与僵化，由于"必要的检查与审核的义务"的法定概念欠缺明确性，一些高校较为原则地规定导师对研究生的论文"负有了解和监督的

---

① 参见《山东大学研究生指导教师工作规范》第8、22条。
② 参见《中国政法大学研究生导师职责规范》第17条。
③ 参见姚琳琳《美国研究生导师的指导职责、伦理规范及其启示》，《学位与研究生教育》2019年第9期。
④ "Leitlinien zur Sicherung guter wissenschaftlicher Praxis", Deutsche Forschungsgemeinschaft, https://www.dfg.de/foerderung/grundlagen_rahmenbedingungen/gwp/index.html, 最后访问时间：2021年6月9日。

责任"①，另一些高校②却采用了十分严苛的做法，要求导师对研究生是否存在学术不端进行实质审查并行使提交或发表的批准权。即便校规名义上对导师实行行为归责，导师亦因此要承担责任，进而导致了导师责任的无限扩大与泛化。

其二，义务的设定应当具有弹性。过度追求义务的具体化与履行的可验证性不仅无法强化研究生学术不端的预防效果，还会侵害导师的教学自主权。导师指导的形式具有多样性，应当考虑研究专业性质、研究生的个人需求与学习习惯、导师个人风格以及学科特征等因素，而非一刀切的模式（one-size-fits-all model）。③良好的指导"取决于所涉学科专业的特征以及研究生的具体情况"④，因此导师义务的设定毋宁提供可以普遍化的目标追求与指导方针，而非僵化的教条。如就指导频率而言，域外个别高校也有一个月至少指导一次的建议，但不具有强制性，还须进一步考虑研究生所处学习阶段、专业特点、导师与研究生的协商等因素。⑤

其三，构建特定的指导程序义务。指导义务在实践中很难通过高校校规转换为可操作的执行细则，加上指导过程的证据难以形成与获得，无疑对导师在个案中的责任落实带来极大挑战，构建相应的指导程序义务势在必行。依据英国华威大学的导师职责规定，导师应当记录指导的

①　参见《北京大学研究生指导教师管理办法》（校发〔2018〕66 号）第 8 条。

②　参见《湖南大学研究生学术道德规范实施细则》（研字〔2009〕6 号）第 1 条、《中国农业大学研究生学术道德管理实施细则（试行）》第 6 条。

③　"The SGS Graduate Supervision Guidelines", School of graduate studies │ University of Toronto 2017, https：//www. sgs. utoronto. ca/wp － content/uploads/sites/253/2019/06/Graduate － Supervision － Guidelines － faculty. pdf，最后访问时间：2021 年 6 月 8 日。

④　"Leitlinien für die gute Betreuung von Promotionen", Zur Startseite der Freien Universität Berlin, https：//www. fu － berlin. de/sites/drs/about － us/quality － assurance/index. html，最后访问时间：2021 年 6 月 9 日。

⑤　"Responsibilities of Supervisors", University of Warwick homepage, https：//warwick. ac. uk/services/dc/policies_ guidance/supervisionpgr/supervisors，最后访问时间：2021 年 6 月 8 日。

频次、时长以及内容，并保存研究生提交的资料与导师的反馈。① 一些英国高校还专门开发了研究生指导系统（Graduate Supervision System, GSS）②，导师应当通过该系统对研究生的表现和学业进展进行书面反馈。这不仅旨在监督研究生的学习进程，还有助于保障指导义务履行的效果。德国高校普遍制定了良好指导的准则，一般要求导师与研究生签订指导协议（Betreuungsvereinbarung）来明确双方的权利义务。研究生应当对指导交流过程进行记录，并由导师签字确认。③ 我国高校校规普遍忽视了导师义务如何更好履行的程序保障，在信息化的时代背景下构建导师的此种程序义务不仅具有可行性，也是实体义务与程序义务互相融合的必然要求。

（三）导师预防研究生学术不端义务的适用与追责

预防研究生学术不端需要发挥国家公权力机关、研究生培养单位（主要是高校）、导师等不同主体的联动作用，这涉及学术治理体系、研究生培养机制与科研管理制度等各种体制机制的完善。因此，导师职责的履行仅是其中的一环（见表9-2），过度扩大导师的义务与责任，可能损害高校的办学自主权与导师的教学自由，且无助于减少研究生学术不端的发生。

首先在追责依据上，应当区分导师的岗位责任与教师的纪律责任。前者依据《研究生导师指导行为准则》与高校有关导师管理的校规，适用限招、停招、取消导师资格等岗位责任，后者依据《事业单位人事管理条例》与《事业单位工作人员处分暂行规定》，适用事业单位

---

① "Responsibilities of Supervisors", University of Warwick Homepage, https：//warwick. ac. uk/services/dc/policies_ guidance/supervisionpgr/supervisors，最后访问时间：2021 年 6 月 8 日。

② "Cambridge Graduate Supervision Reporting System", University of Cambridge, https：//www. student – registry. admin. cam. ac. uk/information – supervisors/cambridge – graduate – supervision – reporting – system – cgsrs#，最后访问时间：2021 年 6 月 9 日。

③ "Leitlinien für die gute Betreuung von Promotionen", Zur Startseite der Freien Universität Berlin, https：//www. fu – berlin. de/sites/drs/about – us/quality – assurance/index. html，最后访问时间：2021 年 6 月 9 日。

工作人员纪律责任。上述两种责任的区分并非泾渭分明，往往发生义务违反的竞合。根据违反义务的严重程度来划分责任，便不失为一种可行的办法。① 情节较轻，针对岗位与资格本身进行惩戒，采取约谈、限招、停招或取消研究生导师资格的措施；② 情节严重的还可进一步予以警告、记过、降低岗位等级、撤销教师专业技术职务、解除教师聘任合同或者开除。实践中往往将两种惩戒措施予以混同，纪律责任对导师权益的影响更为深远，须遵循法律保留原则，且适用于违反教师义务较为严重的情形。《学位论文作假行为处理办法》第9条有关导师纪律处分的适用应当遵循比例原则，且以岗位责任的优先适用为前提。

其次在追责方式上，建立"综合考核为主，个案追责为辅"的监督体系。就导师对研究生学术不端的岗位责任而言，目前高校的规定主要体现了个案追责。在可获得的39所教育部直属高校的导师义务或职责规定中，明确采用研究生学术不端结果归责的有13所③，多达1/3，甚至有高校将此纳入"导师职责负面清单"④。除此之外，还有高校采用了极为模糊的概念，如"有明确责任"⑤、"负有不可推卸的责任"⑥、"默许研究生剽窃他人科技成果"⑦ 或者"失察并造成不良影响者"⑧，存在异化为结果归责的危险。课以导师对研究生学术不端的绝对预防义务并实行结果归责，极易扭曲人才培养目标。

---

① 参见《上海交通大学研究生学术规范》（沪交研〔2019〕87号）。
② 参见《北京科技大学研究生指导教师岗位管理办法》（校发〔2021〕6号）、《复旦大学研究生指导教师岗位管理办法》。
③ 包括北京化工大学、北京科技大学、西安电子科技大学、西南大学、厦门大学、中国人民大学、大连理工大学、北京邮电大学、华中科技大学、吉林大学、湖南大学、同济大学、长安大学等多所高校，还有一些高校未明确导师对研究生学术不端的责任。
④ 参见《大连理工大学研究生指导教师工作准则（2019年修订）》。
⑤ 参见《北京邮电大学研究生指导教师岗位职责和管理办法》。
⑥ 参见《东南大学研究生指导教师管理办法（试行）》第19条。
⑦ 参见《清华大学研究生指导教师职责》。
⑧ 参见《河海大学研究生指导教师管理规定》第10条。

有高校似乎意识到这一点，通过修改校规从实行连带责任转向个案的裁量处理。① 这仍不足以保障以负责任为目的的教学自由，一则从结果归责向行为归责转变，要求对导师是否履行义务进行全面评价；二则导师义务设定的弹性与框架性，导致导师义务是否得以切实履行，在实践中较难判断，特别是在导师的程序义务普遍付之阙如的情形下，高校承担举证责任面临很大挑战；三则因果关系的判断十分困难。一方面针对导师未履行指导把关义务追责；另一方面研究生学术不端是众多因素作用的结果，导师义务的不认真履行能够发挥多大的作用力很难探知。从逻辑上讲，追责针对的是导师未履行义务，无须以研究生学术不端为必要条件，但不意味着未认真履行导师义务即引发追责，还需考虑导师的主观过错，否则有违比例原则。我国也有个别高校意识到应当对个案的行为归责予以限制，进而要求导师对研究生的学术不端承担一定的过错责任。②

因此，对导师的个案处理与岗位考核存在竞合关系，两者虽并行不悖，但应当以综合考核为主、个案追责为辅。研究生学术不端引发的个案追责，须满足较为严格的构成要件：其一，结果要件。所指导研究生存在学术不端，且应经《行为办法》规定的有权组织认定。否则，未履行导师义务可通过岗位考核予以处理。其二，行为要件。具有苛责性的是导师未认真履行岗位职责确立的义务，且高校作为公权力主体应对此承担举证责任。其三，主观要件。即导师对未履行义务具有故意或者重大过失。如导师偶尔未满足与研究生保持经常沟通的要求，难以说得上是"重大过失"，因为既难以证明与研究生的学术不端之间具有因果关系，也可能形成追责的"寒蝉效应"，损害导师的工作积极性。相反，同一指导教师的研究生论文存在高度雷同，毋庸置疑导师对论文的指导

---

① 可对比《上海交通大学研究生学术规范》（沪交研〔2017〕141 号）与《上海交通大学研究生学术规范》（沪交研〔2019〕87 号）。
② 参见《中南财经政法大学学术不端行为查处细则》第 22 条。

与把关存在重大过失。① 德国高校校长会议于 1998 年形成的《高校处理学术不端的建议》便将对学术不端的共同责任（Mitverantwortung）限定于"履行监督义务的严重疏忽"（grober Vernachlässigung der Aufsichtspflicht)②，《莱比锡大学保障良好学术实践的章程》也对导师疏于履行指导义务做出了类似的规定。③

岗位考核引发的责任与个案责任同样涉及限招、停招、取消导师资格等岗位责任，但前者注重对导师师德操守、业务水平、支撑条件与岗位职责履行等情况进行综合评价，导师对研究生学术不端的责任只是考核的要素之一。④ 由于导师义务的弹性及较弱的可验证性，加上个案追责须满足较为严格的构成要件，岗位考核能借助更加多元的评价标准与机制，来发挥与个案追责有别的监督功能。⑤ 一则评价标准更全面，涉及政治标准、教学与科研状况等，特别是师德师风、对研究生培养的投入等个案追责难以涵盖的因素；二则引入学生评价、专家评价与学术组织评价的多元评价机制，来应对导师义务的弹性与较弱的可验证性，进而保障导师义务履行的全面性与行为评价的专业性。

最后在追责机制上，须遵循学术自治与正当法律程序。"建立研究生导师指导行为违规责任认定和追究机制"⑥ 既是落实导师义务的保障，也是防范追责滥用的重要路径。在实践中，个别高校有导师责任规定却

---

① 《东北师大回应"研究生论文抄袭门"："抄袭门师生十年前已处理"》，中国社会科学网，http：//ex. cssn. cn/jyx/jyx_ kspx/201602/t20160224_ 2881276. shtml，最后访问时间：2021年 6 月 11 日。

② "Zum Umgang mit wissenschaftlichem Fehlverhalten in den Hochschulen", Hochschulrektorenkonferenz，https：//www. hrk. de/positionen/beschluss/detail/zum – umgang – mit – wissenschaftlichem – fehlverhalten – in – den – hochschulen/，最后访问时间：2021 年 6 月 10 日。

③ "Satzung der Universität Leipzig zur Sicherung guter wissenschaftlicher Praxis", Universität Leipzig，https：//www. uni – leipzig. de/fileadmin/ul/Dokumente/2015_ Satzung_ wissenschaftliche_ Praxis. pdf，最后访问时间：2021 年 10 月 10 日。

④ 已有个别高校做出了尝试，参见《吉林大学研究生指导教师管理办法》。

⑤ 有的高校以是否处于岗位考核期间来区分岗位考核与个案追责的适用，显然误解了两者不同的功能。参见《北京师范大学研究生指导教师条例》第 7 条。

⑥ 参见《研究生导师指导行为准则》（教研〔2020〕12 号）。

表 9－2　对导师违反预防研究生学术不端义务的追责梳理

归责原则	结果归责型：指导的研究生出现学术不端行为的，即应追责	行为归责型：指导的研究生出现学术不端行为，只有在导师未履行或不认真履行职责的情形下才被追责	主观归责型：不仅要存在研究生学术不端行为与导师未履行义务的客观情形，还应考察导师是否存在过错
责任内容	单一责任型：全校通报，减少招生指标、停招、取消导师资格①	双重责任型：岗位考核作为招生管理、导师续聘、优秀评选、绩效奖励、评定专业技术职称和晋升等的重要依据②	三重责任型：情节严重的，予以警告、记过、降低岗位等级或撤职、开除等处分，或解除人事聘用关系③
追责主体	个案追责主体：学位评定（分）委员会④、职能部门	岗位考核主体：高校、二级学院或各研究生培养单位	纪律处分主体：高校人力资源部门

未明确追责主体与程序（如东南大学、天津大学）；有的规定由研究生院和人力资源部负责对相关指导教师进行处理或处分（如西安交通大学）；有的则根据惩戒类型来区分追责主体，停招或取消招收研究生资格的由校学位评定委员会处理，其他惩戒由人力资源部门进行处理（如上海交通大学）；也有的规定停招或取消导师资格由学位评定分委员会决议（如北京师范大学）。纪律处分应当遵循法定依据，针对导师违反岗位义务的个案追责则属于高校学术自治的范畴。德国高校即建立了专门的监察委员会制度来处理学术不端，莱比锡大学还明确导师是否对研究生学术不端承担责任，应由具有不同学科背景与经验的 6 位高校教师

---

① 也有的高校仅规定了解除导师资格的责任，适用的前提是指导的研究生学术不端情节严重且导师未认真履行导师职责，参见《东南大学研究生指导教师管理办法（试行）》，或者仅规定了暂停招生的责任，参见《北京邮电大学研究生指导教师岗位职责和管理办法》。

② 有高校实行"一票否决制"，未履行学术道德和学术规范教育、论文指导和审查把关等职责，指导的研究生存在学术不端的，考核评定结果为不合格，参见《东北林业大学研究生导师管理办法》。

③ 参见《上海交通大学研究生学术规范》（沪交研〔2017〕141 号）。

④ 《中国石油大学（华东）研究生指导教师管理办法》第 15 条规定："限招和停招由所在学院（部）学位评定分委员会审议决定；取消导师资格由学校学位评定委员会审议决定。"

组成监察委员会予以决定。个案追责须判断导师义务是否履行，故意或重大过失是否成立，既涉及导师义务的综合判断，又关乎导师的教学与培养自主权，在我国宜由相对独立的高校学术组织（学位评定委员会、学术委员会或教授委员会）通过合议制的方式进行处理，而非模糊处理或由高校职能部门做出处理决定。在做出岗位处理决定前，高校应当保障导师的陈述权与申辩权，若涉及取消导师资格等对导师权利影响较大的决定，高校应当告知导师有要求举行听证的权利。

五　结语

导师对研究生学术不端预防义务的设定，是导师行为与义务的典型体现，关乎导师的法律地位以及国家、高校与教师之间错综复杂的关系梳理。导师义务设定的扭曲与过度，不仅会阻碍人才培养目标的实现，还会导致以负责任的人才培养为宗旨的教学自主权受到不当侵害。确保导师预防学术不端义务的全面性、弹性与程序性，建立"综合考核为主，个案追责为辅"的监督体系，对个案追责采用主客观相统一的归责原则，对当下研究生学术不端的预防与研究生教育的改革皆具重要意义。

参考文献

一　著作

埃贝哈德·施密特－阿斯曼等:《德国行政法读本》,于安等译,高等教育出版社,2006。

曹慧丽:《高校学生受教育权行政救济探索》,法律出版社,2020。

陈新民:《宪法学释论》,三民书局,2008。

董保城:《教育法与学术自由》,台北月旦出版社股份有限公司,1997。

高家伟主编《教育行政法》,北京大学出版社,2006。

汉斯·J. 沃尔夫等《行政法》(第一卷),高家伟译,商务印书馆,2002。

亨利·范·马尔赛文、格尔·范·德·唐:《成文宪法的比较研究》,陈云生译,华夏出版社,1987。

黄厚明:《基于高校自主权与司法审查权关系视角的高校学生管理法治化研究》,法律出版社,2020。

教育部社会科学委员会学风建设委员会组编《高校人文社会科学学术规范指南》,高等教育出版社,2009。

卡尔·拉伦茨:《法学方法论》,陈爱娥译,商务印书馆,2003。

李惠宗：《教育行政法要义》，台湾元照出版公司，2014。

李仁淼：《教育法与教育人权》，台湾元照出版公司，2020。

理查德·波斯纳：《论剽窃》，沈明译，北京大学出版社，2010。

马怀德主编《学位法研究——〈学位条例〉修订建议及理由》，中国法制出版社，2014。

尼尔·麦考密克：《法律推理与法律理论》，姜峰译，法律出版社，2005。

倪洪涛：《大学生学习权及其救济研究——以大学和学生的关系为中心》，法律出版社，2010。

施密特·阿斯曼：《行政法总论作为秩序理念——行政法体系建构的基础与任务》，林明锵等译，台湾元照出版公司，2009。

覃红霞：《高校招生考试法治研究》，华中师范大学出版社，2016。

王敬波：《高等教育领域里的行政法问题研究》，中国法制出版社，2007。

吴镇柔、陆叔云、汪太辅主编《中华人民共和国研究生教育和学位制度史》，北京理工大学出版社，2001。

徐靖：《诉讼视角下中国社会公权力法律规制研究》，法律出版社，2014。

许育典：《法治国与教育行政》，台北高等教育文化事业有限公司，2002。

许育典：《教育行政法》，台湾元照出版公司，2020。

湛中乐：《大学法治与权益保护》，中国法制出版社，2011。

湛中乐等：《大学章程法律问题研究》，北京大学出版社，2016。

湛中乐等：《公立高等学校法律问题研究》，法律出版社，2009。

湛中乐主编《高校行政权力与学术权力运行机制研究》，北京大学出版社，2018。

湛中乐主编《教育行政诉讼理论与实务研究》，中国法制出版社，2013。

湛中乐主编《学生权利及其法律保障》，中国法制出版社，2017。

周慧蕾：《高校学位授予权研究》，中国社会科学出版社，2016。

最高人民法院行政审判庭编《中国行政审判指导案例》（第 3 卷），中国法制出版社，2013。

最高人民法院行政审判庭编《中国行政审判指导案例》（第 1 卷），中国法制出版社，2010。

最高人民法院中国应用法学研究所编《人民法院案例选·2008 年第 2 辑（总第 64 辑）》，人民法院出版社，2009。

最高人民法院中国应用法学研究所编《人民法院案例选·2005 年第 2 辑（总第 52 辑）》，人民法院出版社，2006。

Eberhard Schmidt-Aßmann, *Das allgemeine Verwaltungsrecht als Ordnungsidee: Grundlagen und Aufgaben der verwaltungsrechtlichen System Bildung* (Springer, 2006).

Hartmut Maurer, *Allgemeines Verwaltungsrecht* (C. H. Beck, 2009).

二　论文

白强：《切实履行导师育人职责　培养学生学术诚信品格》，《学位与研究生教育》2016 年第 9 期。

蔡琳：《不确定法律概念的法律解释——基于"甘露案"的分析》，《华东政法大学学报》2014 年第 6 期。

曹树基：《学术不端行为：概念及惩治》，《社会科学论坛》2005 年第 3 期。

常秀鹏：《论高等学校法治视野拓展——以高教软法与硬法的融合为视角》，《中国青年政治学院学报》2009 年第 2 期。

陈爱娥：《德国大学创新转型之法制规范概述——以德国公立大学内部组织改革为观察重心》，载杨国赐、胡茹萍主编《大学创新转型发展》，台北高等教育文化事业有限公司，2016。

陈洁、刘正方、朱洁：《学校对考试作弊的学生可依校规不授予学位》，《人民司法·案例》2007年第12期。

陈金钊、杨铜铜：《重视裁判的可接受性——对甘露案再审理由的方法论剖析》，《法制与社会发展》2014年第6期。

陈平：《论导师负责制与研究生学术品质培养》，《学位与研究生教育》2007年第1期。

陈越峰：《高校学位授予要件设定的司法审查标准及其意义》，《华东政法大学学报》2011年第3期。

董保城：《德国教育行政"法律保留"之探讨》，载董保城编《教育法与学术自由》，台北月旦出版社股份有限公司，1997。

杜豫苏、阿尼沙：《涉及学位证的行政诉讼法院应否受理?》，《人民司法·案例》2007年第8期。

伏创宇：《大学生考试作弊与学位授予挂钩的合法性反思》，《法律适用》2017年第12期。

伏创宇：《导师义务应当如何设定——以预防研究生学术不端为例》，《重庆高教研究》2022年第1期。

伏创宇：《高校校规合法性审查的逻辑与路径——以最高人民法院的两则指导案例为切入点》，《法学家》2015年第6期。

伏创宇：《高校行政案件中正当程序适用的困境与基础重述》，《求索》2020年第4期。

伏创宇：《高校学位授予标准的正当性逻辑》，《法学》2022年第6期。

伏创宇：《国家监督与大学自治框架中的学术抄袭认定》，《行政法学研究》2020年第2期。

伏创宇：《论校规在行政诉讼中的适用》，《河北法学》2014年第9期。

何海波：《关于〈行政诉讼法〉学者建议稿的说明》，《行政法学研究》2014 年第 2 期。

何海波：《司法判决中的正当程序原则》，《法学研究》2009 年第 1 期。

何海波：《正当程序原则的正当性——一场模拟法庭辩论》，《政法论坛》2009 年第 5 期。

何万顺、廖元豪、蒋侃学：《论现行大学英语毕业门槛的适法性》，《政大法学评论》2014 年总第 139 期。

何万顺、周祝瑛、苏绍雯、蒋侃学、陈郁萱：《我国大学英语毕业门槛政策之检讨》，《教育政策论坛》2013 年第 3 期。

贺奇兵：《国家教育立法对高校校规的规范效力》，《法学》2019 年第 4 期。

胡肖华、徐靖：《高校校规的违宪审查问题》，《法律科学》2005 年第 2 期。

黄厚明：《基于法律保留原则的高校校规制定权限研究》，《高等教育研究》2018 年第 3 期。

黄舒芃：《学术自由、大学自治与国家监督》，《月旦法学杂志》2013 年第 7 期。

黄昭元：《二一退学制度的宪法争议》，载廖义男教授祝寿论文集编辑委员会编《新世纪经济法制之建构与挑战》，台湾元照出版公司，2002。

蒋红珍：《正当程序原则司法适用的正当性：回归规范立场》，《中国法学》2019 年第 3 期。

金自宁：《大学自主权：国家行政还是社团自治》，《清华法学》2007 年第 2 期。

靳澜涛：《高校学位评定委员会的权力错位及其立法归位》，《高等教育研究》2020 年第 11 期。

李成玲：《日本学术不端规制的变迁与展望——兼论对我国的启示》，载《科研诚信建设与学术不端治理学术研讨会论文集》，郑州大学，2019。

李仁淼：《日本之学术自由与大学自治》，《教育法学评论》2018 年第 1 期。

林鸿朝：《党政机构融合与行政法的回应》，《当代法学》2019 年第 4 期。

林华：《论我国学位管理体制的困境与革新》，《学位与研究生教育》2014 年第 5 期。

林华：《内部学位授予程序的法律效力》，《学位与研究生教育》2018 年第 3 期。

林华：《学位授予标准的多重面向及其适用逻辑》，《研究生教育研究》2019 年第 2 期。

林玲、胡劲松：《论学位授予中的非学术标准》，《高等教育研究》2013 年第 2 期。

刘标：《高校规章制度的行政法分析》，《苏州大学学报（哲学社会科学版）》2004 年第 4 期。

刘东：《历史与现实中的学术剽窃》，《徐州师范大学学报（哲学社会科学版）》2012 年第 4 期。

刘练军：《公序良俗的地方性与谦抑性及其司法适用》，《求索》2019 年第 3 期。

刘璞：《高校学位授予标准设定权的法律属性与权利边界——兼论〈中华人民共和国学位条例〉的修改》，《学位与研究生教育》2020 年第 8 期。

刘永林：《高校二级学院学位授予权力行使的边界及其规范——从柴某某诉上海大学博士学位评定纠纷案切入》，《中国高教研究》2021 年第 8 期。

罗向阳、支希哲：《高校学术权力的泛化倾向：基于学位论文审查与学位授予的视角》，《学位与研究生教育》2008 年第 5 期。

马怀德：《学校、公务法人与行政诉讼》，载罗豪才主编《行政法论丛》（第 3 卷），法律出版社，2000。

马焕灵：《论高校学生管理中自由与秩序的限度》，《教育研究》2011 年第 3 期。

毛金德、陈践美：《教学自由与学术自由关系重审》，《中国高教研究》2014 年第 1 期。

倪洪涛：《论法律保留对"校规"的适用边界——从发表论文等与学位"挂钩"谈起》，《现代法学》2008 年第 5 期。

齐爱民、周伟萌：《论学术抄袭的两面性：以学术规范和法律规范的区分为视角》，《重庆大学学报（社会科学版）》2010 年第 6 期。

秦惠民：《关于我国学位立法的若干思考》，《学位与研究生教育》1997 年第 5 期。

饶亚东、石磊：《〈田永诉北京科技大学拒绝颁发毕业证、学位证案〉的理解与参照》，《人民司法·案例》2016 年第 20 期。

任喜荣：《民法典对宪法秩序建构的回应及其反思》，《当代法学》2021 年第 3 期。

沈岿：《公立高等学校如何走出法治真空》，载罗豪才主编《行政法论丛》（第 5 卷），法律出版社，2002。

沈岿：《扩张之中的行政法适用空间及其界限问题——田永诉北京科技大学案引发的初步思考》，载罗豪才主编《行政法论丛》（第 3 卷），法律出版社，2000。

沈岿：《析论高校惩戒学生行为的司法审查》，《华东政法学院学报》2005 年第 6 期。

石正义：《法理学视野下的学位授予权》，《湖北社会科学》2005 年第 10 期。

舒国滢：《法律原则适用中的难题何在》，《苏州大学学报（哲学社会科学版）》2004 年第 6 期。

孙文桢：《法律视角下导师与研究生关系初探》，《学位与研究生教育》2017 年第 11 期。

唐世龙、彭志忠：《论高校学生管理的法治化和程序化》，《求索》2005 年第 4 期。

田鹏慧：《校规地位的法理研讨》，《辽宁教育研究》2007 年第 7 期。

田鹏慧：《学生处分影响学位授予现象之法律解读》，《学位与研究生教育》2007 年第 6 期。

田鹏慧、张杏钗：《高等学校校规的法律性质及效力判定》，《高教探索》2004 年第 1 期。

王成栋，刘雪梅：《特别权力关系理论与中国行政法》，载罗豪才主编《行政法论丛》（第 6 卷），法律出版社，2003。

王春业：《高校办学自主权与学生学位获得权的冲突与平衡》，《东方法学》2022 年第 1 期。

王大泉：《我国学位体制的组织特点及其缺陷分析》，《学位与研究生教育》2001 年第 7~8 期。

王德志：《论我国学术自由的宪法基础》，《中国法学》2012 年第 5 期。

王霁霞、张颖：《设定学位授予条件的边界与标准——基于近三年 34 起学位授予案件的分析》，《学位与研究生教育》2018 年第 11 期。

谢嘉图：《论规制网络洗稿的社会规范路径——以反思著作权法的功能为逻辑展开》，《电子知识产权》2019 年第 8 期。

徐靖：《论高等学校学位授予标准中的否定性条款》，《学位与研究生教育》2020 年第 2 期。

徐靖：《硕士学位授予标准中的资格论文要求：法理"三问"与法治化路径》，《学位与研究生教育》2020 年第 9 期。

许为民、杨行昌：《学位授予与道德素质考察三种观点的辨析》，《学位与研究生教育》2005年第8期。

许育典：《抄袭、引用与挂名的学术伦理争议——评台北高等行政法院106年度诉字第108号判决》，《月旦裁判时报》2019年第6期。

许育典：《从教学自由检讨九年一贯课程纲要》，《成大法学》2004年总第8期。

许育典：《大学法制下大学自治概念的——兼论法律保留的适用问题》，《月旦法学杂志》2012年第2期。

许育典：《学术自由作为大学法制的核心建构——二一退学宪法争议的省思》，载翁岳生教授祝寿论文编辑委员会编《当代公法新论（上）——翁岳生教授七秩诞辰祝寿论文集》，台湾元照出版公司，2002。

薛刚凌：《多元化背景下行政主体之建构》，《浙江学刊》2007年第2期。

杨铜铜：《高校学位授予标准的合法设定——兼论〈学位条例〉的修订》，《东方法学》2020年第3期。

姚金菊：《学位正当程序的制度构建》，《学位与研究生教育》2014年第9期。

姚琳琳：《美国研究生导师的指导职责、伦理规范及其启示》，《学位与研究生教育》2019年第9期。

于志刚：《学位授予的学术标准与品行标准——以因违纪处分剥夺学位授予资格的诉讼纷争为切入点》，《政法论坛》2016年第5期。

余雅风：《契约行政：促进高等学校学生管理的法治化》，《北京师范大学学报（社会科学版）》2007年第2期。

袁文峰：《受教育权的宪法条款援引、内涵及救济路径——基于齐玉苓案与罗彩霞案的分析》，《政治与法律》2015年第4期。

袁征：《制定校规的基本原则》，《教育评论》2005年第1期。

湛中乐、黄宇骁：《高校自主办学法解释论》，《华东政法大学学报》2020 年第 3 期。

湛中乐、黄宇骁：《再论学术自由：规范依据、消极权利与积极义务》，《法制与社会发展》2017 年第 4 期。

湛中乐、李烁：《论〈学位条例〉修订中的关键问题》，《中国高教研究》2020 年第 6 期。

湛中乐、苏宇：《论大学法人的法律性质》，《国家教育行政学院学报》2011 年第 9 期。

张航：《论学位撤销程序法治化及其建构方案》，《高教探索》2021 年第 2 期。

张金辉：《依法治校背景下的高校校规》，《河北师范大学学报（教育科学版）》2010 年第 10 期。

张军：《学生处分影响学位授予现象之再解读》，《学位与研究生教育》2011 年第 10 期。

张冉：《高校校规：大学自治与国家监督间的张力》，《清华大学教育研究》2011 年第 6 期。

张颂昀：《学位授予标准设定权：基本内涵、核心争议与制度构设》，《中国高教研究》2021 年第 6 期。

郑磊：《论学术自治尊让原则的具体化——基于最高人民法院指导案例 39 号之展开》，《郑州大学学报（哲学社会科学版）》2016 年第 3 期。

周光礼：《高校内部规则的法理学审视》，《现代大学教育》2005 年第 4 期。

周光礼：《论学位授予行为的法律性质》，《科技进步与对策》2004 年第 3 期。

周湖勇：《大学治理中的程序正义》，《高等教育研究》2015 年第 1 期。

周华兰：《议"软法"与"硬法"的救济边界——以公立高等院校学生管理纠纷为例》，《湖南社会科学》2009年第1期。

周慧蕾、孙铭宗：《论大学自治权与学生权利的平衡》，《行政法学研究》2013年第1期。

周祥、延然：《学位授予行为的法律性质及制度创新——基于司法审判的反思》，《清华大学教育研究》2020年第4期。

周佑勇：《法治视野下学位授予权的性质界定及其制度完善——兼述〈学位条例〉修订》，《学位与研究生教育》2018年第11期。

周佑勇：《司法判决对正当程序原则的发展》，《中国法学》2019年第3期。

朱芒：《高校校规的法律属性研究》，《中国法学》2018年第4期。

左崇良：《研究生导师责权机制的法理分析》，《学位与研究生教育》2018年第8期。

Eberhard Schmidt-Aßmann，"Fehlverhalten in der Forschung – Reaktionen der Rechts"，*Neue Zeitschrift für Verwaltungsrecht*：*NVwZ* 12（1998）.

Helmuth Schulze – Fielitz，"Reaktionsmoeglichkeiten des Rechts auf Wissenschaftliches Fehlverhalten"，in：Wolfgang Löwer und Klaus Ferdinand Gärditz，*Wissenschaft und Ethik*（Mohr Siebeck，2015）.

Josef Franz Lindner，"Zum Rechtsstatus der Fakultät"，*Wissenschaftsrecht* 3（2007）.

Lothar Knopp，"Zentrale wissenschaftliche Einrichtungen und die Berufung auf die Wissenschaftsfreiheit in Art. 5 Ⅲ 1 GG"，*Landes – und Kommunalverwaltung* 7（2016）.

Roger Billings，"Plagiarism in Academia and Beyond：What Is the Role of the Courts？"*U. S. F. L. Rev.* 38（2004）.

三 报纸

《北大女博士"抄袭门"争议》,《南方都市报》2015 年 4 月 9 日,第 A16 版。

陈彬:《学生学术不端,导师"该当何罪"》,《中国科学报》2013 年 8 月 1 日,第 5 版。

董保城:《受教权、宪法也保障学术自由》,《联合报》2001 年 7 月 27 日,第 15 版。

王敬波:《治理学术抄袭法律不能缺位》,《中国教育报》2016 年 3 月 4 日,第 2 版。

阎岩:《研究生学术不端导师要挨罚 落实导师责任制势在必行》,《光明日报》2019 年 3 月 22 日,第 02 版。

叶祝颐:《"学生抄袭导师连坐"是制度纠偏》,《中华读书报》2013 年 8 月 14 日,第 08 版。

附录

高校校规适用的典型案例与裁判要旨

典型案例一：田永诉北京科技大学拒绝颁发毕业证、学位证案（最高人民法院指导案例 38 号）

裁判要旨：根据我国法律、法规规定，高等学校对受教育者有进行学籍管理、奖励或处分的权力，有代表国家对受教育者颁发学历证书、学位证书的职责。高等学校与受教育者之间属于教育行政管理关系，受教育者对高等学校涉及受教育者基本权利的管理行为不服的，有权提起行政诉讼，高等学校是行政诉讼的适格被告。

高等学校依法具有相应的教育自主权，有权制定校纪、校规，并有权对在校学生进行教学管理和违纪处分，但是其制定的校纪、校规和据此进行的教学管理和违纪处分，必须符合法律、法规和规章的规定，必须尊重和保护当事人的合法权益。本案原告在补考中随身携带纸条的行为属于违反考场纪律的行为，被告可以按照有关法律、法规、规章及学校的有关规定处理，但其对原告做出退学处理决定所依据的该校制定的第 068 号通知，与《普通高等学校学生管理规定》第二十九条规定的法定退学条件相抵触，故被告所作退学处理决定违法。

退学处理决定涉及原告的受教育权利，为充分保障当事人权益，从正当程序原则出发，被告应将此决定向当事人送达、宣布，允许当事人提出申辩意见。而被告既未依此原则处理，也未实际给原告办理注销学籍、迁移户籍、档案等手续。被告于 1996 年 9 月为原告补办学生证并注册的事实行为，应视为被告改变了对原告所做的按退学处理的决定，恢复了原告的学籍。被告又安排原告修满四年学业，参加考核、实习及毕业设计并通过论文答辩等。上述一系列行为虽系被告及其所属院系的部分教师具体实施，但因他们均属职务行为，故被告应承担上述行为所产生的法律后果。

国家实行学历证书制度，被告作为国家批准设立的高等学校，对取得普通高等学校学籍、接受正规教育、学习结束达到一定水平和要求的受教育者，应当为其颁发相应的学业证明，以承认该学生具有的相当学历。原告符合上述高等学校毕业生的条件，被告应当依《中华人民共和国教育法》第二十八条第一款第五项及《普通高等学校学生管理规定》第三十五条的规定，为原告颁发大学本科毕业证书。

国家实行学位制度，学位证书是评价个人学术水平的尺度。被告作为国家授权的高等学校学士学位授予机构，应依法定程序对达到一定学术水平或专业技术水平的人员授予相应的学位，颁发学位证书。依《中华人民共和国学位条例暂行实施办法》第四条、第五条、第十八条第三项规定的颁发学士学位证书的法定程序要求，被告首先应组织有关院系审核原告的毕业成绩和毕业鉴定等材料，确定原告是否已较好地掌握本门学科的基础理论、专业知识和基本技能，是否具备从事科学研究工作或担负专门技术工作的初步能力；再决定是否向学位评定委员会提名列入学士学位获得者的名单，学位评定委员会方可依名单审查通过后，由被告对原告授予学士学位。

典型案例二：何小强诉华中科技大学拒绝授予学位案（最高人民法院指导案例 39 号）

裁判要旨：本案争议焦点主要涉及被诉行政行为是否可诉、是否合法以及司法审查的范围问题。

一、被诉行政行为具有可诉性。根据《中华人民共和国学位条例》等法律、行政法规的授权，被告华中科技大学具有审查授予普通高校学士学位的法定职权。依据《中华人民共和国学位条例暂行实施办法》第四条第二款"非授予学士学位的高等院校，对达到学士学术水平的本科毕业生，应当由系向学校提出名单，经学校同意后，由学校就近向本系统、本地区的授予学士学位的高等院校推荐。授予学士学位的高等院校有关的系，对非授予学士学位的高等院校推荐的本科毕业生进行审查考核，认为符合本暂行办法及有关规定的，可向学校学位评定委员会提名，列入学士学位获得者名单"，以及国家促进民办高校办学政策的相关规定，华中科技大学有权按照与民办高校的协议，对于符合本校学士学位授予条件的民办高校本科毕业生经审查合格授予普通高校学士学位。

本案中，第三人武昌分校是未取得学士学位授予资格的民办高校，该院校与华中科技大学签订合作办学协议约定，武昌分校对该校达到学士学术水平的本科毕业生，向华中科技大学推荐，由华中科技大学审核是否授予学士学位。依据《中华人民共和国学位条例暂行实施办法》的规定和华中科技大学与武昌分校之间合作办学协议，华中科技大学具有对武昌分校推荐的应届本科毕业生进行审查和决定是否颁发学士学位的法定职责。武昌分校的本科毕业生何小强以华中科技大学在收到申请之日起六十日内未授予其工学学士学位，向人民法院提起行政诉讼，符合《最高人民法院关于执行〈中华人民共和国行政诉讼法〉若干问题的解释》第三十九条第一款的规定。因此，华中科技大学是本案适格的被告，何小强对华中科技大学不授予其学士学位不服提起诉讼的，人民法院应当依法受理。

二、被告制定的《华中科技大学武昌分校授予本科毕业生学士学位实施细则》第三条的规定符合上位法规定。《中华人民共和国学位条例》第四条规定："高等学校本科毕业生，成绩优良，达到下述学术水平者，授予学士学位：（一）较好地掌握本门学科的基础理论、专门知识和基本技能……"《中华人民共和国学位条例暂行实施办法》第二十五条规定："学位授予单位可根据本暂行条例实施办法，制定本单位授予学位的工作细则。"该办法赋予学位授予单位在不违反《中华人民共和国学位条例》所规定授予学士学位基本原则的基础上，在学术自治范围内制定学士学位授予标准的权力和职责，华中科技大学在此授权范围内将全国大学英语四级考试成绩与学士学位挂钩，属于学术自治的范畴。高等学校依法行使教学自主权，自行对其所培养的本科生教育质量和学术水平做出具体的规定和要求，是对授予学士学位的标准的细化，并没有违反《中华人民共和国学位条例》第四条和《中华人民共和国学位条例暂行实施办法》第二十五条的原则性规定。因此，何小强因未通过全国大学英语四级考试不符合华中科技大学学士学位的授予条件，武昌分校未向华中科技大学推荐其申请授予学士学位，故华中科技大学并不存在不作为的事实，对何小强的诉讼请求不予支持。

三、对学校授予学位行为的司法审查以合法性审查为原则。各高等学校根据自身的教学水平和实际情况在法定的基本原则范围内确定各自学士学位授予的学术水平衡量标准，是学术自治原则在高等学校办学过程中的具体体现。在符合法律法规规定的学位授予条件前提下，确定较高的学士学位授予学术标准或适当放宽学士学位授予学术标准，均应由各高等学校根据各自的办学理念、教学实际情况和对学术水平的理想追求自行决定。对学士学位授予的司法审查不能干涉和影响高等学校的学术自治原则，学位授予类行政诉讼案件司法审查的范围应当以合法性审查为基本原则。

典型案例三：甘露不服暨南大学开除学籍决定案（最高人民法院〔2011〕行提字第 12 号行政判决书）

裁判要旨：本院认为，高等学校学生应当遵守《高等学校学生行为准则》、《普通高等学校学生管理规定》，并遵守高等学校依法制定的校纪校规。学生在考试或者撰写论文过程中存在的抄袭行为应当受到处理，高等学校也有权依法给予相应的处分。但高等学校对学生的处分应遵守《普通高等学校学生管理规定》第五十五条规定，做到程序正当、证据充足、依据明确、定性准确、处分恰当。特别是在对违纪学生做出开除学籍等直接影响受教育权的处分时，应当坚持处分与教育相结合原则，做到育人为本、罚当其责，并使违纪学生得到公平对待。违纪学生针对高等学校做出的开除学籍等严重影响其受教育权利的处分决定提起诉讼的，人民法院应当予以受理。人民法院在审理此类案件时，应依据法律法规、参照规章，并可参考高等学校不违反上位法且已经正式公布的校纪校规。

《暨南大学学生管理暂行规定》第五十三条第（五）项规定，剽窃、抄袭他人研究成果，情节严重的，可给予开除学籍处分。《暨南大学学生违纪处分实施细则》第二十五条规定，剽窃、抄袭他人研究成果，视情节轻重，给予留校察看或开除学籍处分。暨南大学的上述规定系依据《普通高等学校学生管理规定》第五十四条第（五）项的规定制定，因此不能违背《普通高等学校学生管理规定》相应条文的立法本意。《普通高等学校学生管理规定》第五十四条列举了七种可以给予学生开除学籍处分的情形，其中第（四）项和第（五）项分别列举了因考试违纪可以开除学籍和因剽窃、抄袭他人研究成果可以开除学籍的情形，并对相应的违纪情节做了明确规定。其中第（五）项所称的"剽窃、抄袭他人研究成果"，系指高等学校学生在毕业论文、学位论文或者公开发表的学术文章、著作，以及所承担科研课题的研究成果中，存在剽窃、抄袭他人研究成果的情形。所谓"情节严重"，系指剽窃、抄袭行为具有非法使用他人研究成果数量多、在全部成果中所占的地位重要、比例大，手段恶劣，或者社会影响大、对学校声誉造成不良影响等情形。甘露作为在校研究生提交课程论文，属于课程考核的一种形式，即使其中存在抄袭行为，也不属于该项规定的情形。因此，暨南大学开除学籍决定援引《暨南大学学生管理暂行规定》第五十三条第（五）项和《暨南大学学生违纪处分实施细则》第二十五条规定，属于适用法律错误，应予撤销。一、二审法院判决维持显属不当，应予纠正。鉴于开除学籍决定已生效并已实际执行，甘露已离校多年且目前已无意返校继续学习，撤销开除学籍决定已无实际意义，但该开除学籍决定的违法性仍应予以确认。甘露在本院再审期间提出的其在原审期间未提出的赔偿请求，本院依法不予审查。

典型案例四：北京大学与于艳茹撤销博士学位决定纠纷上诉案（北京市第一中级人民法院〔2017〕京01行终字第277号行政判决书）

裁判要旨：本院认为，结合双方当事人的诉辩主张，本案的争议焦点在于：一、北京大学做出《撤销决定》时是否应当适用正当程序原则；二、北京大学做出《撤销决定》的程序是否符合正当程序原则；三、北京大学做出《撤销决定》时适用法律是否准确。

关于焦点一，正当程序原则的要义在于，做出任何使他人遭受不利影响的行使权力的决定前，应当听取当事人的意见。正当程序原则是裁决争端的基本原则及最低的公正标准，其在我国《行政处罚法》、《行政许可法》等基本行政法律规范中均有体现。作为最基本的公正程序规则，只要成文法没有排除或另有特殊情形，行政机关都要遵守。即使法律中没有明确的程序规定，行政机关也不能认为自己不受程序限制，甚至连最基本的正当程序原则都可以不遵守。应该说，对于正当程序原则的适用，行政机关没有自由裁量权。只是在法律未对正当程序原则设定具体的程序性规定时，行政机关可以就履行正当程序的具体方式做出选择。本案中，北京大学作为法律、法规授权的组织，其在行使学位授予或撤销权时，亦应当遵守正当程序原则。即便相关法律、法规未对撤销学位的具体程序做出规定，其也应自觉采取适当的方式来践行上述原则，以保证其决定程序的公正性。

关于焦点二，正当程序原则保障的是相对人的程序参与权，通过相对人的陈述与申辩，使行政机关能够更加全面把握案件事实、准确适用法律，防止偏听偏信，确保程序与结果的公正。而相对人只有在充分了解案件事实、法律规定以及可能面临的不利后果之情形下，才能够有针对性地进行陈述与申辩，发表有价值的意见，从而保证其真正地参与执法程序，而不是流于形式。譬如，《行政处罚法》在设定处罚听证程序时就明确规定，举行听证时，调查人员提出当事人违法的事实、证据和行政处罚建议，当事人进行申辩和质证。本案中，北京大学在做出《撤销决定》前，仅由调查小组约谈过一次于艳茹，约谈的内容也仅涉及《运动》一文是否涉嫌抄袭的问题。至于该问题是否足以导致于艳茹的学位被撤销，北京大学并没有进行相应的提示，于艳茹在未意识到其学位可能因此被撤销这一风险的情形下，也难以进行充分的陈述与申辩。因此，北京大学在做出《撤销决定》前由调查小组进行的约谈，不足以认定其已经履行正当程序。北京大学对此程序问题提出的异议理由不能成立，本院不予支持。

关于焦点三，作为一个对外发生法律效力的行政行为，其所依据的法律规定必须是明确的，具体法律条款的指向是不存争议的。唯有如此，相对人才能确定行政机关的确切意思表示，进而有针对性地进行权利救济。公众也能据此了解行政机关适用法律的逻辑，进而增进对于相关法律条款含义的理解，自觉调整自己的行为，从而实现法律规范的指引、教育功能。本案中，北京大学做出的《撤销决定》虽载明了相关法律规范的名称，但未能明确其所适用的具体条款，而上述法律规范的条款众多，相对人难以确定北京大学援引的具体法律条款，一审法院据此认定北京大学做出的《撤销决定》没有明确的法律依据并无不当，本院应予支持。

典型案例五：柴丽杰与上海大学教育一审行政判决书（上海市浦东新区人民法院〔2019〕沪0115行初字第362号行政判决书）

裁判要旨：本院认为，被告上海大学作为高等学校，属于法律法规授权的学位授予单位，具有组织学位评定委员会对原告博士学位申请进行审核评定的职权。本案原告提出博士学位申请后，被告未予组织审核评定，原告的起诉符合提起履行法定职责案件的诉讼要件。

就被告以原告发表论文的数量未达到经济学院的科研量化指标为由，对原告的博士学位申请不予组织审核评定，且以微信的方式告知，其行为是否符合相关规定，本院认为：

第一，根据《学位条例》第六条和《暂行办法》第二十五条的规定，被告上海大学作为博士学位授予单位有权制定博士学位授予的相关细则。《上大学位实施细则》相关条款对博士学位授予条件进行了限定，规定了学位授予的申请程序、博士学位审批、不授予学位的情形，来源于上位法的授权，并未违反《学位条例》和《暂行办法》的规定。《学位条例》第六条对"学术水平"的界定比较原则，上海大学将学术水平的衡量标准通过科研成果量化指标予以具体化，并未违反《学位条例》第六条关于授予博士学位条件的相关规定。原告关于被告将科研量化指标作为申请学位的申请要件属于突破上位法规定，应属违法的主张，缺乏依据，本院不予采纳。

第二，根据上位法和被告相关规定，原告的博士学位申请材料应当由所属学科的学位评定分委员会进行审查。《学位条例》第十条，《暂行办法》第十条、第十八条、第十九条及《上大学位实施细则》第十三条、第二十四条规定，学位评定委员会根据授予学位权限，在规定期限内具有履行审查通过接受申请博士学位的人员名单的相关职责。学位评定分委员会协助学位评定委员会工作，负责审查学位申请材料是否符合规定。本案中，除原被告争议的科研成果是否达标的问题外，原告在规定的期限内提交了全部申请材料，被告未出具证据证明学位评定分委员会曾就原告的博士学位申请材料进行过审查，不能证明被告的程序正当性。

第三，学院秘书通过微信向原告告知，不能当然视为学位评定分委员会履职的行为。《上海大学学位评定委员会章程》、《上海大学经济学科学位评定分委员会工作章程》规定，学位评定委员会下设若干学位评定分委员会，学位评定分委员会设秘书一人，协助学位评定分委员会主席处理日常工作。上述规定将学院秘书在学位授予工作中的职责限定于协助主席工作。学院秘书的行为是否可视为学位评定分委员会的履职行为，应结合上述规定对秘书协助开展相关工作的性质予以认定。

学院秘书对明显不符合申请材料形式要件的，可以通过简便方式告知申请人补充相关材料。但本案中，原告向被告提交的申请材料中所涉已发表2篇论文，一篇刊载于核心期刊（属于经济学院指标中的三级论文），另一篇是会议论文（不属于经济学院指标中的任何论文级别），已符合学校科研标准关于2篇核心期刊或者全国性会议论文的数量要求，但不符合经济学院科研量化指标中关于2篇三级论文和1篇二级论文的数量要求。原被告对应当适用学校科研标准还是学院科研标准存有争议，该争议的判断结论不仅会影响申请材料是否完备的审查定性，更关乎学生的重大权利义务，显然不宜直接由学院秘书予以决定，也不能当然视为学位评定分委员会的履职行为。

关于原被告争议的学校科研标准和学院科研标准的问题，本院认为，《上大学位实施细则》规定，对博士学位申请者的科研成果应当符合《上海大学研究生学位授予科研成果量化指标》，该量化指标是上海大学校级层面的规定。该校级科研量化指标2004年版本仅规定"文科中的美术学研究生学位"可以另行制定标准。2018年版本仅说明"硕士不再统一要求，由学位评定分委员会确定。""艺术类学位科研成果量化指标的标准由学位评定分委员会制订。"由此可见，上海大学并未将经济学院应用经济学学科纳入另行制定科研成果量化指标的学科范围。经济学院的科研量化指标规定的论文发表载体和数量与学校规定不相一致，并非对学校规定的简单细化，而是重新定义。学位的授予与否关涉学生重大切身利益，经济学院的相关规定并不能如被告所称通过事先告知的方式，当然上升为校级规定。本院还认为，在不违反上位法的前提下，高校对博士学位申请者的学术衡量标准有自主自治的权力，可以设置相关规范，但设定的规则应当被严格遵守，以防止学术评价标准上的混乱。各学科标准高于或低于学校标准，应在学校规定中予以体现，高校在学位授予方面的程序规制并未否定各学科制定具有本学科特点科研标准的自主性。

值得指出的是，通过规定发表论文数量和期刊载体的方式评价博士的学术水平，历来颇受争议，是否科学合理，各方意见不尽一致，但此属高校学术自治的范畴，本院予以充分尊重。各方期待能有更科学合理的评价博士学术水平的途径或者多样评价方式，需要学位授予单位、教育管理部门和学子们共同推进。

综上，在原被告对学院科研标准和学校科研标准存有争议的情况下，被告仅通过学院秘书以微信告知的方式驳回原告的博士学位申请，缺乏事实和法律依据，属于未履行法定职责的行为，依法应予纠正。在本案审理过程中，原被告确认被告已于 2019 年 12 月对原告的博士学位申请组织学位评定委员会进行了审核评定，并出具了评定结论。经本院释明，原告不撤回本案起诉。故本院依法确认被告之前对原告的博士学位申请未予组织审核评定的行为违法。

典型案例六：武华玉诉华中农业大学教育行政行为纠纷案

裁判要旨：武汉市洪山区人民法院经审理认为，华中农业大学依据《中华人民共和国学位条例》、《中华人民共和国学位条例暂行实施办法》的授权，具有颁发硕士学位证书的法定职责。华中农业大学不给原告颁发硕士学位证书的行为，对原告的权利义务产生实际影响，是可诉的具体行政行为。被告依据《中华人民共和国学位条例暂行实施办法》第二十五条"学位授予单位可根据本暂行实施办法，制定本单位授予学位的工作细则"的规定，有权制定《华中农业大学学位授予工作实施细则》，且《华中农业大学学位授予工作实施细则》与《中华人民共和国学位条例》和国务院学位委员会《关于对〈中华人民共和国学位条例〉等有关法规、规定解释的复函》（学位〔2003〕65 号）的规定不相抵触。华中农业大学对原告做出《关于对武华玉同学考试舞弊的处分决定》的主要证据不足，该警告处分决定未告知原告陈述申辩权和救济方式，也未将处分决定送达原告，故该处分决定依法不能成立。华中农业大学学位评定委员会以原告考试舞弊受警告处分为由，审议通过不授予原告硕士学位的决定，没有事实根据。被告依据该校学位评定委员会审议通过的硕士学位授予者名单（该授予名单中没有武华玉），口头拒绝为原告颁发硕士学位证书的行为，不具有可撤销内容。

依据最高人民法院《关于执行〈中华人民共和国行政诉讼法〉若干问题的解释》第五十七条第二款第（二）项、第六十条第一款之规定，判决如下：一、确认被告华中农业大学不向原告武华玉颁发硕士学位证书的具体行政行为违法；二、责令被告华中农业大学在本判决生效之日起 60 日内召集学位评定委员会对原告武华玉是否具备硕士学位授予条件进行审查，并将审查结果书面告知原告。

典型案例七：阮向辉诉深圳大学行政不作为纠纷案（广东省深圳市南山区人民法院〔2004〕深南法行初字第 22 号行政判决书）

裁判要旨：本院认为，根据《中华人民共和国教育法》第二十八条第（1）、（4）、（5）项之规定，学校享有按照章程自主管理的权利，有权对受教育者实施处分，并有权决定对受教育者是否颁发相应的学业证书，学校颁发学位证书的行为属于法律授权的组织行使的行政行为。《中华人民共和国学位条例暂行实施办法》第 25 条规定："学位授予单位可根据本暂行实施办法，制定本单位授予学位的工作细则"。此项规定授权被告制定《深圳大学授予学士学位工作条例》的行为，《深圳大学授予学士学位工作条例》不违反有关法律法规，应予以遵守。根据粤高教科〔1991〕42 号文件《广东省普通高等学校学士学位条例暂行实施办法》第八条第 4 项，被告以原告所修课程中的军事理论、大学英语（1）与大学英语（4）三门必修课是经过重修通过的，不符合授予学士学位的条件而没有向原告颁发《学位证》。根据国家教委学位办及国务院学位办之教位办〔1992〕1 号文件《关于制发学士学位证书的通知》第三条第 5 项："学士学位一般不予补授，学士学位证书一般也不予补发"。

因此，被告不向原告发放学位证书的行为符合有关法律法规规定，并且做出不授予学位证书决定的程序合法，原告以被告行政不作为为由所提诉讼请求没有法律依据。在原告毕业时，被告没有即时书面告知原告不授予学位的决定，至 2004 年 3 月 18 日，才由深圳大学教务处做出《关于"阮向辉授予学士学位申请书"的答复》。由于相关法律法规对于学校不授予学生学位的告知程序没有明确规定，因此不能认定被告在告知不授予学位的程序上违法。原告起诉被告不作为的理由不能成立。

典型案例八：贺叶飞与苏州大学不授予学士学位案（江苏省苏州市中级人民法院〔2008〕苏中行再终字第 0001 号行政判决书）

裁判要旨：本院认为，《条例》第二条规定学位申请人必须"拥护中国共产党的领导、拥护社会主义制度"，其本身内涵是相当丰富的，涵盖了对授予学位人员遵纪守法、道德品行的要求。学位申请者的学术水平只是获得学位的必备条件，而不是所有条件。考试作弊是较为严重的学术道德问题，足以证明学位申请者的学术道德品行未能满足授予学位的条件。《办法》第四条第一款规定：授予学士学位的高等学校，应当由系逐个审核本科毕业生的成绩和毕业鉴定等材料，对符合本暂行办法第三条及有关规定的，可向学校学位评定委员会，列入学士学位获得者的名单。根据《办法》第二十五条规定，苏州大学有权制定本单位授予学士学位工作实施细则，同时也可以就上述法律条款中的"有关规定"制定具体规定。《细则》中规定对考试作弊者不授予学士学位，并未违背上位法的精神，规定合理、正当，苏州大学可以适用。

关于授予学士学位的具体程序目前并无明确的法律规定。苏州大学不授予学士学位的决定仅是口头告知了贺叶飞，未听取行政相对人申辩，也未做出书面决定且告知其救济权利，行政程序虽不规范，但尚不足以构成程序违法。

典型案例九：肖健与西安建筑科技大学教育其他行政行为行政判决书案（西安市碑林区人民法院〔2015〕碑行初字第00215号行政判决书）

裁判要旨：本院认为，被告西安建筑科技大学根据《中华人民共和国学位条例》等法律、行政法规的授权具有审查授予普通高校学士学位的法定职权，是本案适格的被告。本案中，原告肖健2014年9月17日在考试中违反学校规章制度，携带有考试内容的手机进入考场，后被监考老师发现，且试卷中载明有诚信承诺，原告阅读并签署了该承诺。原告事后书写检讨书，承认了考试作弊的事实。2014年12月3日，被告建科大根据《西安建筑科技大学本科生成绩管理规定》第三十六条的规定做出西建大〔2014〕217号《关于给予肖健等九名同学处分的决定》，给予原告肖健留校察看处分，察看期一年；随后在学校网站上进行了公示。上述处分决定由原告所在院系老师领取后向原告送达，原告庭审中称其是在学校网站上看到的该处分决定，未收到过该处分决定，故该处分对原告不生效，但原告无证据支持主张成立，且原告在得知该处分决定后，也未根据学生手册中的规定对该处分进行申诉，故原告的异议理由不能成立，本院不予采信。被告建科大制定的《西安建筑科技大学授予学士学位实施细则》第三条第四项规定："在校期间，曾受留校察看处分者，但对 1 ~ 3（城市规划、景观学专业 1 ~ 4）年级受过留校察看处分，毕业前经考察，确已改正错误，表现良好，且在校学习期间平均学分绩点大于等于 3 或毕业设计（论文）成绩优秀、在校期间获得省级以上科技竞赛奖、具有省级以上科学技术创新成果、获得省级以上文体单项奖者，平均学分绩点大于等于 2.5；均可考虑授予学士学位。"该规定符合上位法规定。《中华人民共和国学位条例》第四条规定："高等学校本科毕业生，成绩优良、达到下述学术水平者，授予学士学位：（一）较好地掌握本门学科的基础理论、专门知识和基本技能"；《中华人民共和国学位条例暂行实施办法》第二十五条规定："学位授予单位可根据本暂行实施办法，制定本单位授予学位的工作细则。"该办法赋予学位授予单位在不违反《中华人民共和国学位条例》所规定授予学士学位基本原则的基础上，在学术自治范围内制定学士学位授予标准的权力和职责。被告建科大在此范围内将在校期间受过留校察看处分者的授予学士学位平均学分绩点由 1.5 提高到大于等于 3（部分情况大于等于 2.5），属于学术自治的范畴。

被告建科大作为高等学校依法行使教学自主权，自行对其所培养的本科生教育质量和学术水平做出具体的规定和要求，是对授予学士学位的标准的细化，并没有违反《中华人民共和国学位条例》第四条和《中华人民共和国学位条例暂行实施办法》第二十五条的原则性规定。因此，原告肖健在校期间，曾受留校察看处分，其平均学分绩点为 1.98。原告庭审中虽称该校受过留校察看处分的学生平均学分绩点未大于等于 3 也给颁发了学士学位证，但从被告建科大出示的证据 4 "2015 届毕业生毕业及授位名单（电气专业）"中可以看出，原告述称的这部分学生均符合被告建科大制定的《西安建筑科技大学授予学士学位实施细则》第三条第四项规定的平均学分绩点大于等于 2.5 可授予学士学位的情形，而原告平均学分绩点为 1.98，且不符合该条第四项中规定的平均学分绩点大于等于 2.5 即可授予学士学位的情形。故被告建科大未给原告肖健颁发学士学位证的行为符合被告制定的学士学位授位的标准，并不存在不作为的情形，故对原告肖健的诉讼请求本院不予支持。

典型案例十：余波诉南昌大学不授予学位案（江西省高级人民法院〔2004〕赣行终字第 10 号判决书）

裁判要旨：《中华人民共和国教育法》第四十二条规定，受教育者"享有在学业成绩和品行上获得公正评价，完成规定的学业后获得相应的学业证书学位证书"的权利。《中华人民共和国学位条例暂行实施办法》第四条规定："授予学士学位的高等学校应当由系逐个审核本科毕业生的成绩和毕业鉴定等材料，对符合本暂行办法第三条及有关规定的，可向学校学位评定委员会提名，列入学士学位获得者名单。"上述规定表明，在校期间学生的学士学位授予，国家已授权高等学校行使，后者通过审核学生德、智等方面的表现，对符合条件者，授予学位。南昌大学根据《中华人民共和国学位条例暂行实施办法》第二十五条的授权规定，制定《南昌大学授予学士学位实施细则》，将学士学位的授予条件、评审程序具体细化，将包括考试舞弊、违反校规校纪等品德方面的内容列入审核范围，规定不授予考试舞弊者学士学位，并未与上述规定相抵触。余波在南昌大学学习期间替人代考，违反学校管理制度，受到纪律处分。南昌大学根据《南昌大学授予学士学位实施细则》的规定，按照学士学位评定程序，经校学位评定委员会审核，决定不授予余波学士学位，符合法律法规关于学位授权的规定。余波上诉主张南昌大学不授予其学士学位的行为违反了法律规定，缺乏法律依据，理由不充分，不予支持。原审判决认定事实清楚，适用法律正确。

典型案例十一：中山大学新华学院与刘岱鹰不授予学士学位决定纠纷上诉案（广州铁路运输中级法院〔2016〕粤 71 行终字第 1826 号行政判决书）

裁判要旨：本院认为，本案的争议焦点是：一、学位授予行为的定性问题；二、中山大学新华学院不授予刘岱鹰学位的依据是否充分。就上述问题，分析认定如下：

一、学位授予行为的定性问题。作为法律授权机构，高等学校代表国家向受教育者颁发学位证书，属于行政确认，同时，高等学校对学生是否符合学位授予条件的考核和评价，又属于学术水平的专业评价行为。学校对学生的日常管理包括考试管理，属于学生管理范畴，而非学术评价，二者属于不同的专业领域范围。学生考试作弊既与学生诚信有关，也与学校的学风营造及监管水平相关，但与学生的学术水平、学术能力并无直接关联。学位授予不负有学生管理职能，亦不应成为对学生日常管理的手段。本案中，《中山大学新华学院学士学位授予工作细则（试行）》第六条"考试作弊者，不授予学士学位"的规定将学位授予与学生考试作弊的处理直接挂钩，混淆了学位授予与学生管理的边界，有悖学位授予的根本目的。对于考试作弊学生，学校已有多种惩戒及处理措施，以作弊为由直接做出不授予学士学位的决定，明显不当。

二、不授予学位决定的依据是否充分。《中华人民共和国学位条例》第十七条规定："学位授予单位对于已经授予的学位，如发现有舞弊作伪等严重违反本条例规定的情况，经学位评定委员会复议，可以撤销"。如何理解"舞弊作伪等严重违反本条例规定的情况"是本案处理的关键，首先从《条例》的字面理解，"舞弊作伪等"在性质上须违反了《条例》的禁止性规定，在量上达到了严重的程度，方可撤销已取得的学位；其次，《条例》对何为"舞弊作伪等"行为并未作明确规定，从《条例》的立法目的上理解，该种行为应与学术水平的认定直接相关，并可据此对学生学术水平直接作否定性评价，如论文抄袭等；最后，从行为的危害程度看，"舞弊作伪等"行为须严重违反《条例》规定，方可撤销学位授予，学生一次考试作弊的行为是否属于严重违反规定的情形，《条例》规定并不明确。综上，办学自主权应当在法律规定的范围内行使，学位授予行为涉及学生的基本权益，高校制定的实施细则应严格遵守上位法的规定，不得在上位法规定以外附加非学术评价条件或作扩大解释，《中山大学新华学院学士学位授予工作细则（试行）》相关规定的法律依据不足，不能作为本案处理的有效依据，原审法院对此认定不当，本院予以纠正。

后 记

　　这是我个人的第一部教育法专著。犹记得 2008 年考入北大后，参与湛中乐教授主持的教育部人文社会科学重点研究基地重大项目"公立高等学校法律问题研究"，历经多次内部讨论，并与同学田飞龙兄合作撰写了其中的"内部权力结构"一章，由此开启了教育法学习与研究的历程。毕业后又有幸多次参加湛老师组织的北大教育法研究中心年度学术研讨会，并受邀参与北大章程制定（专家版）等活动，课题组成员于数个夜晚在法学院四合院激烈争辩的场景仍历历在目。这些经历使得我在关注行政法基础理论、核能规制的同时，一直保持着对教育法的浓厚兴趣与不断思考。

　　笔者曾兼任所在高校学生申诉委员会的委员，参与过的一起申诉处理案至今印象深刻。时过境迁，现在不妨公开其中的细节。某同学大三，在一次期末考试中将手机放在桌面上，开考 5 分钟后被监考老师发现，且该手机还运行着 QQ 与微信软件，学校由此调查并以作弊为由作出记过处理。按照当时的校规，在校期间受到记过处分者不得授予学位。该同学提出申诉，学校组成申诉处理委员会审议，与会委员在内部讨论中，大多对该同学以后的境遇（拿不到学位）表示同情。当时主管学生工作的副校长林维教授主动回避，并提议作为专业教师代表的我主持会议。在投票前的讨论中，我发表了两点意见：一是法律适用上，校规对考试作弊的界定是"以窃取答案为目的",本案是否构成作弊尚有疑问；二是在举证责任分配上，高校是以行政主体的身份做出纪律处分，应当适用《行政诉讼法》的相关规定，由学校对该同学是否构成作弊承担举证责任，特别是要举证证明其"以窃取答案为目的"。后来的投票结果是，2/3以上的委员投票赞成撤销学校的纪律处分，申诉处理委员会的这个处理决定后来也得到了学校的尊重。这位同学或许是幸运的，她应该如愿拿到了学位。

　　这个亲身经历的案例，反映出诸多与高校校规边界有关的问题。高校校规如何界定考试作弊？相关规定与国家立法的关系如何？"甘露诉暨南大学开除学籍处分案"中，高校校规如何对抄袭进行界定与处理即是争议的焦点。再进一步延伸，高校校规是不是法？属于何种意义上的法？其作为法的效力如何以及源自哪里？高校校规设定"受到记过处分、未通过国家英语四级考试、未按规定在 CSSCI 期刊上发表论文"等情形不得授予学位，是否具有合法性与正当性？高校校规如何明确学生申诉委员会的组成、程序、处理决定的效力？法院面对这些争议，又该如何处理高校校规的适用问题……这一系列的问题，自二十多年前的"田永诉北京科技大学拒绝颁发毕业证、学位证案""刘燕文诉北京大学不授予博士学位案"以来，便争议不断。

　　上述问题的澄清与解决，学术界（包括教育学、宪法学与行政法学等领域）做出了很多努力，也产生了丰硕且有分量的成果。最高人民法院所颁布的指导案例第 38、第 39 号，也与高校校规的合法性直接相关。但当下中国高校的法律地位、权力来源、行为属性、校规效力、争议解决等问题仍然存有不少分歧，指导案例以及近年来发生的若干典型案例及其裁判，并非没有商榷的余地。作为领域法学与部门行政法学，教育法学（包括高等教育法学）对行政法的基础理论更新提出了一系列重大课题，比如什么是法、公权力、行政主体、行政行为，也促使学理上去挖掘我国法域下相关概念的特定内涵，比如"高校""受教育权""学术自治""办学自主权"。亦因此，教育法学还将会持久地展现其理论生命力与实践意义，承载回应时代变革的重大使命。

这本小书汇聚了我近十年有关高等教育法学的思考，试图运用行政法的基础理论，结合中国高等教育法治的语境，尝试对上述问题做一些体系性的思考。本书相关内容曾发表在《法学家》《法学》《行政法学研究》《法律适用》《求索》《重庆高教研究》等杂志上，学界同仁、匿名评审专家与期刊编辑对此提出了很多宝贵意见，促使我对相关内容进一步修改与完善，恕不一一列名，在此一并致以诚挚的谢意。此外，还要感谢来自中国法学会与北京市教育科学规划课题的资助，相关的研究成果曾被中国法学会鉴定为"优秀"。

感谢我敬爱的导师、北京大学法学院姜明安教授，他百忙之中欣然答应为本书作序推荐。尽管年逾古稀，老师壮心不已，积极参与各种学术活动，笔耕不辍，撰写并致力于出版公法 10 卷本系列丛书，热心公益，坚持为中国行政法治求索呐喊。老师的人格魅力、学识魄力深深地影响着我，对我多年来的无私关爱、提携美意更是让我感怀。

屈指算来，自 2012 年进入中国青年政治学院、2017 年转入中国社会科学院大学，工作已愈 10 年，感谢法学院、宪法与行政法教研室的各位前辈、同事，他们提供了各种各样的鼓励、帮助与支持。感谢硕士研究生魏延艳同学，她参与了本书的校对，指出了一些形式上的不妥当之处。

拙作获得中国社会科学院哲学社会科学创新工程学术出版资助，且经历了评审委员会的二次评审，原因是个别援引的法律条款条目没有根据最新修法做出调整，如此细微之处被评审专家察觉，令笔者汗颜。日后的学术研究应当更加严谨、细致，方能对得起专家、学友与朋友的提携与帮助。还要感谢社会科学文献出版社李晨编辑的认真、专业与细致，不仅使书稿更符合出版要求，更是为本书增色不少。

今年上半年本书向出版社交稿前夕，母亲住院，所幸康复良好。这再次提醒我，除了做好教学、研究等本职工作，还不应忽视周边很多应该关心的事情。家人、朋友、同学、同仁等给予不同方式的关心、关照与关爱，特别是我的家人在背后默默付出，甚是感动、感恩与感激。谨以此书，献给我的家人及所有关心我的人们。

　　教育法法典化是当下理论与实践中的热点话题之一，如何厘清立法与校规各自的边界，是教育法法典化的重要课题之一，冀望本书能为推动教育法法典化与中国的高等教育法治建设提供微薄力量。书中一定还有这样或那样的问题，还恳请读者批评指正。

2022 年 11 月 22 日

伏创宇

图书在版编目（CIP）数据

高校校规自治的边界／伏创宇著. -- 北京：社会
科学文献出版社，2023.1（2024.3 重印）
（中国社会科学院大学文库）
ISBN 978 - 7 - 5228 - 1051 - 5

Ⅰ.①高…　Ⅱ.①伏…　Ⅲ.①高等学校 - 学校管理 -
研究　Ⅳ.①G647

中国版本图书馆 CIP 数据核字（2022）第 214886 号

中国社会科学院大学文库
高校校规自治的边界

著　　者／伏创宇

出 版 人／冀祥德
责任编辑／李　晨
责任印制／王京美

出　　版／社会科学文献出版社·政法传媒分社
　　　　　　地址：北京市北三环中路甲 29 号院华龙大厦　邮编：100029
　　　　　　网址：www. ssap. com. cn
发　　行／社会科学文献出版社（010）59367028
印　　装／唐山玺诚印务有限公司

规　　格／开　本：787mm × 1092mm　1/16
　　　　　　印　张：14.5　字　数：191 千字
版　　次／2023 年 1 月第 1 版　2024 年 3 月第 2 次印刷
书　　号／ISBN 978 - 7 - 5228 - 1051 - 5
定　　价／79.00 元

读者服务电话：4008918866